쉽게 읽는
미국 주택정책

쉽게 읽는 미국주택정책

2013년 9월 30일 초판 1쇄 발행

지 은 이 | 진현환
펴 낸 곳 | 삼성경제연구소
펴 낸 이 | 정기영
출판등록 | 제302-1991-000066호
등록일자 | 1991년 10월 12일
주   소 | 서울시 서초구 서초2동 1321-15 삼성생명 서초타워 30층
전   화 | 3780-8153(기획), 3780-8084(마케팅), 3780-8152(팩스)
이 메 일 | seribook@seri.org

ⓒ 진현환 2013
ISBN | 978-89-7633-455-8 04320
       978-89-7633-211-0 (세트)

삼성경제연구소 도서정보는 이렇게도 보실 수 있습니다.
홈페이지(http://www.seri.org) → SERI 북 → SERI 연구에세이

쉽게 읽는
미국 주택정책

SERI
연구에세이

110

| 진현환 지음 |

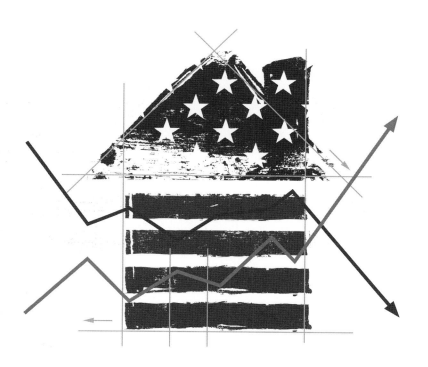

삼성경제연구소

이 글은 필자가 미국 워싱턴에 있는 주택도시부HUD에 파견되어 근무하면서 매일 아침 접하는 《USA투데이》, 《워싱턴 포스트》 등 주요 신문의 부동산 관련 기사, 주택도시부에서 발표되는 보도자료와 각종 정기간행물, 주택도시부 내 도서관에 소장되어 있는 여러 관련 서적, 그리고 주택도시부 관계자들을 인터뷰하면서 모아온 자료들을 한곳에 요약해서 정리한 것이다.

2004년부터 2년간 영국 버밍엄 대학에서 유학할 때, 중서부의 작은 도시 울버햄프턴 시청에서 6개월간 도심재개발 부서의 인턴으로 근무한 적이 있다. 하지만 미국 연방정부 내 주택도시부의 정책개발연구실에 파견되어 미국 연방정부 공무원들의 주택과 도시문제에 대한 고민과 노력을 가까이에서 지켜볼 수 있었던 것은 또 다른 신선한 경험이었다.

주택도시부 직원들은 필자가 미국에 체류하는 동안 더 많이 보고 체험할 수 있도록 도심의 재개발지 등 각종 현장과 지방 공공주택기관PHAs을 방문할 수 있도록 적극 주선해주었다. 특히 알빈 램Alven Lam 국제협력과장과 베시 콩Bessy Kong 주거복지 부국장은 필자의 집필 계획에 각별한 관심을 갖고 각종 데이터를 지원해주었다. 감사의 말씀을 드린다.

이 글에서 필자는 특정 주제를 심층적으로 분석하기보다는 미국 주택시장과 제도, 그리고 정부의 정책을 개괄적으로 다루고자 노력했다. 전문적인 용어도 가급적 피했다. 전문가가 아니어도 누구나 쉽게 이해할 수 있는 글이 되기를 바랐기 때문이다. 그러나 나름의 노력에도 불구하고 직업이 공무원인지라 딱딱한 용어나 어색한 표현이 종종 눈에 띌 것이다. 전문 작가가 아니라는 이유로 독자 여러분의 너그러운 이해를 구한다.

또한 이 글은 필자의 책임하에 여러 자료를 정리하고 서술하면서 개인적인 견해를 함께 밝히는 방식으로 짜여 있다. 따라서 한국 사회에서의 적용 가능성이나 특별한 정책에 대한 호불호는 순전히 필자 개인의 의견일 뿐, 필자가 소속된 기관(국토교통부)과는 관련이 없음을 밝혀둔다.

이 책의 출간은 삼성경제연구소의 도움이 있었기에 가능했다. 출간을 허락해주신 정기영 소장님과 이 책의 집필 계획에 대해 자문해주신 박재룡 박사님, 그리고 출판팀에 감사의 말씀을 드린다.

이 글을 쓰는 동안 사랑스러운 딸 호영이는 제2의 조앤 롤링Joan K. Rowling을 꿈꾸며 본인의 표현대로 '현실에 기반을 둔 판타지소설'을 '집필'하고 있었다. 잠자리에 들 때면 항상 "아빠, 오늘은 얼마나 썼어? 나는 오늘 다섯 페이지 썼는데" 하며 필자를 채근해주었다. 딸아이와의 선의의 경쟁으로 계획보다 빨리 글을 매듭지을 수 있었다.

마지막으로, 주택정책을 담당했던 한 사람으로서 우리의 주택시장이 하루빨리 정상화되어 소유자와 임차인 모두가 주택문제로 인해 고통받는 일이 없기를, 또 주택문제가 경제활동에 짐이 되는 상황이 해소되기를 간절히 바란다.

2013년
미국 메릴랜드 포토맥 집에서
진현환

차례

프롤로그

전환기의
미국 주택시장

한국 사회에서 부동산, 특히 주택문제는 정치문제 못지않게 전 국민의 공통된 관심사다. 보통사람들에게 '집'은 전 재산의 대부분을 차지한다. 그래서인지 우리 국민들은 집값의 상승과 하락에 지나치다 싶을 정도로 민감하다. 언론도 주택문제에 대해 별도의 지면을 할애해 연일 기사를 쏟아낸다. 정부 또한 이런저런 '대책'이라는 이름으로 각종 정책을 연이어 발표한다.

미국 사회에서는 어떤가? 일견 미국의 주택시장은 한국의 상황과 많이 다를 거라고 생각하기 쉽다. 일단 외견상 우리처럼 아파트 중심이 아니고 단독주택이 주를 이룬다. 미국인들은 또 30년 장기 모기지mortgage(주택담보대출)를 받아 평생 원리금을 갚으면서 주택을 소유한다. 우리처럼 집을 자주 사고팔지는 않는 것으로 보인다. 정부나 언론도 집값 변동에 그렇게 민감하게 반응하지 않는다.

그러나 자세히 살펴보면 유사한 점도 많다. 우선, 미국에서도 주택은 일자리 창출 등을 통해 내수경제에서 여전히 중요한 역할을 담당하고 있다. 또 고령 인구의 증가 등 인구구조의 변화에 따라 주택정책의 변화가 요구되고 있으며, 기후변화 등에 대응할 수 있는 에너지 절약형 주택의 보급과 확대가 중요한 이슈로 부상하고 있다.

필자는 20년 가까이 국토해양부(지금의 국토교통부)에 몸담으면서 공직생활의 대부분을 주택과 도시 등 부동산 관련 분야에 종사해왔다. 주택정책과 사무관·서기관·과장, 도시정책과 과장 등을 역임했다. 또 청와대 경제수석실에서 부동산 분야를 담당하는 행정관으로 근무하기도 했다. 이런 경험을 살려 2012년 1월 미국 연방정부 내 주택도시부HUD, Department of Housing and Urban Development에 2년 예정으로 파견되어 근무하고 있다.

필자가 파견된 기간은 특히 미국 주택시장이 75년간의 황금기를 끝내고 2007년 버블 붕괴 이후 주택 소유자는 급격한 집값 하락에 고통받고, 무주택 서민들은 임대료의 지속적인 상승으로 곤란을 겪고 있는 어려운 시기였다. 한국 주택시장의 신조어인 '하우스푸어'나 '렌트푸어'의 상황과 별반 다르지 않았다.

다행스럽게도 2012년 하반기 이후 주요 대도시를 중심으로 주택시장이 회복 단계에 접어들었으나, 버블 붕괴 이후 미국인들의 주택에 대한 의식이 많이 바뀌어 정부의 정책과 제도도 변화를 도모하고 있다. 특히 2013년 2기 오바마 정부가 출범하면서 기존의 정책기조를 견지하면서도 새로운 시각에서 새로운 정책들을 다양하게 시도하고 있다.

이러한 변화의 시기에 미국의 주택정책이 수립·시행되는 현장에 있는 사람으로서 필자는 미국인에게 주택이란 어떤 존재이고, 주택시장을 둘러싼 각종 제도는 어떠하며, 이들은 버블 붕괴 이후 어떠한 변화를 겪고 있는지 살펴보고자 한다. 또 2012년 이후 주택의 가격, 거래, 건설 등 미국 주택시장의 동향도 살펴볼 계획이다. 이를 통해, 여전히 어두운 터널을 지나고 있는 한국의 주택시장에 유효한 시사점을 찾아봄으로써 정부의 정책에 새로운 변화 방향을 간접적으로나마 제시하고 싶다.

01

왜
주택문제인가?

미국인에게 주택이란…

:

여느 사회와 마찬가지로 미국 사회에서도 주택은 가족이 형
성되고 양육되는 중심지 역할을 하고 있다. 아이들이 학교
에 가고 이웃과 유대관계를 맺고 지역사회의 일원으로서 활
동하는 것도 모두 자기가 살고 있는 주택을 중심으로 일어

난다. 주택이 어느 지역에 위치하느냐에 따라 아이들의 교육환경이 달라지고, 병원 등 의료시설과 버스·지하철 등 대중교통에 대한 접근성이 달라진다. 더 나아가 안정적이고 좋은 일자리를 구할 기회도 달라진다. 이처럼 주택은 단순한 거주공간 이상의 의미를 갖는다.

1949년 주택법Housing Act의 전면 개정 이래 미국 정부와 의회는 '모든 미국인에게 안전한 환경에서 양질의 주택을 공급하는 것'을 주택정책의 목표로 삼아왔다. 60여 년이 지난 지금, 연방정부는 그동안 무주택 저소득 가구를 위해 500만 호가 넘는 주택을 신규로 건설하거나 개량했으며, 이와 별도로 매년 150만 이상의 가구에 임대료 보조에 해당하는 주택 바우처Voucher를 공급해오고 있다.

또한 일정 소득 수준 이상의 국민들에게는 자가自家 보유 촉진을 위한 지원책을 펴왔다. 그 결과 지난 50년 동안, 적어도 2007년 버블 붕괴 전까지 많은 미국인이 적은 초기부담으로 장기간(30년) 모기지의 원금과 이자를 갚아나가면서, 지속적인 집값 상승의 이익을 향유해왔다. 이렇게 형성된 부富는 자녀들의 학비 조달과 은퇴 후 노후자금 마련 등에 기여했다.

하지만 현재 미국인들에게 주택문제는 여전히 풀리지 않는 난제 덩어리다. 2011년 기준으로 미국 정부가 정한 최저 주거 기준 미달 주택에 거주하거나 자기 소득의 50% 이상을 주택 임대료로 지불하는 이른바 '주거빈곤 가구worst case housing needs'가 848만 가구에 달하고 있다. 더구나 2012년 기준으로 60만 명 이상이 안정된 주거공간 없이 거리에서 노숙자로 살고 있다.

주택은 국가경제의 주요 부문으로서 토지 이용의 많은 부분을 차지하며 주변 환경에 심대한 영향을 미친다. 주택은 또 지구온난화의 주요 원인으로 지목되고 있는 온실가스와 이산화탄소CO_2 배출의 주요 원천 중 하나다. 실제 미국의 경우, 주거용 난방과 냉방 그리고 전기 소비가 전체 온실가스 배출량의 20% 내외를 차지하고 있다.

가구 구성원의 이동 또한 주요 이산화탄소 배출 원인이다. 이는 주거지가 얼마나 집단화되어 있느냐에 따라 달라지고, 교통수단 가운데 버스와 지하철 등 대중교통을 주로 이용하느냐 아니면 자동차에 의존하느냐에 따라서도 달라진다. 물론, 직장과 거주지의 이동거리도 영향을 미친다. 미국 연방도로청FHWA의 분석에 따르면, 주거지에서 1.6킬로미터(1마일) 내에 대중교통수단이 있으면 없는 경우에 비해서 이산화탄소 배출량이 25% 줄어들 수 있다고 한다.

그러나 미국인들은 전통적으로 아파트 같은 공동주택보다는 교외지역에 자기만의 영역이 있는 단독주택을 더 선호해왔다. 이른바 '부자동네'라고 알려진 곳에서는 자기네 지역으로 버스노선이 신설되거나 지하철이 연결되는 것을 극구 반대한다. 교통이 편리해지면 보다 많은 사람이 자기네 지역을 거쳐가게 되고, 이는 범죄 등 새로운 사회문제를 유발할 수 있다는 우려 때문이다. 또한 미국은 한국과 달리 개발 가능한 토지가 거의 무한정에 가깝기 때문에 주거단지 개발에서도 고밀도보다는 저밀도 개발이 선호되어왔다.

이런 주거지 개발 패턴이 에너지 소비량 증가 요인으로 작용해온 게 사실이다. 최근 들어 기후변화와 에너지 문제가 지구촌의 주요 이슈로 대두되면서 미국인의 주택에 대한 선호와 개발방식도 새로운 도전을 받고 있다.

주택은 아울러 미국 경제에 중요한 견인차 역할을 해왔다. 수십 년간 미국은 주택시장을 경제의 활력과 성장의 원동력으로 간주했다. 예나 지금이나 매달 발표되는 신규 주택 판매와 기존 주택 거래량, 주거용 건축물 인허가 통계자료는 내수경제의 활력 정도를 가늠하는 핵심 지표로 인식되고 있다. 한국의 경우 주택가격 변동이 언론의 핵심 이슈인 반면, 미국에서는 주택 건설 관련 수치가 더 중요한 지표로 인식된다. 일반적으로 이들 통계치가 상승세를 보일 때는 미국 경제도 호조를 띠고, 하락세를 보일 때는 어려움을 겪고 있는 것으로 받아들여진다.

주택은 직접적인 건축뿐만 아니라, 전자제품이나 가구 등 관련 상품의 소비와 정원관리나 주택수리 등 관련 부가서비스로 다양한 일자리를 창출한다. 최근 한 통계에 따르면, 공동주택 100채를 건설할 경우 직·간접적으로 80개의 일자리가 창출되고, 더불어 건설노동자의 소비활동으로 해당 지역에 42개의 추가적인 일자리가 창출된다고 한다. 더구나 한국과 달리 미국의 신규 주택 건설시장은 대부분 단독주택 중심이어서 보다 노동집약적인 생산구조를 가지고 있다.

지난 40년 동안 미국에서 주택부문은 국내총생산GDP에 평균적으로 17~19%를 기여해왔으며, 버블 붕괴 이후 신규 주택 건설과 리모델링 물량 감소에도 불구하고 15% 이상을 기여하고 있다. 또한 주정부나 카운티에서도 주택부문은 신규 주택 건설과 개발, 그리고 주택 판매 등을 통해 해당 지

:그림 1: 미국 GDP 성장률과 주택부문의 GDP 기여도

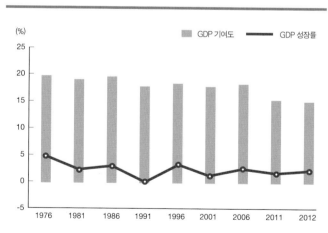

자료 : Bureau of Economic Analysis.

역에 일자리와 소득, 조세수입을 창출하고 있다.

특히 2012년 하반기 이후 주요 지역을 중심으로 주택가격이 다시 상승하고 신규 주택 건설이 늘어나는 등 뚜렷한 회복세를 보이면서, 2008~2009년 미국 경제 침체의 주요 요인으로 지목되었던 주택부문이 2013년에는 미국 경제 성장에 핵심적인 역할을 할 것으로 기대하고 있다. GDP에서 차지하는 비중도 17% 이상으로 다시 늘어날 것이라는 전망이 많다. 미국 경제에서 주택부문이 차지하는 비중은 여전히 상당하다고 하겠다.

1930년 이후 시대별 주택정책의 목표와 이슈

:

1930년대 미국 사회에서는 경제대공황의 그늘이 깊어지면서 대량실업문제 해소와 도시빈곤층에 대한 주거 지원이 주요 이슈로 떠올랐다. 또 부동산시장이 거의 붕괴 위기에 처하면서 모기지를 받아 주택을 구입한 수많은 미국인의 고통은 날로 커져갔다. 1933년의 경우, 미국 전체 모기지의 절반이 채무 불이행 상태에 놓였고, 이에 따라 매일 1,000여 가구의 주택이 대출기관에 차압되었다.

공공사업청Public Works Administration을 중심으로 내수경제와 주택시장 활성화를 위한 각종 대책이 마련되었다. 그 핵심은 주택금융 구조를 개혁하는 것이었다. 뒤에 다시 살펴보겠지만, 1932년에 연방주택대출은행Federal Home Loan Bank이 설치되었으며, 1934년에는 국가주택법National Housing Act에 따라 모기지 원리금의 지급보증 기능을 수행하는 연방주택청FHA, Federal Housing Administration이 설치되었다.

미국 정부의 이런 노력으로 1934년 신규 주택 건설 착공 물량이 8년 만에 처음으로 늘어나는 등 주택 건설시장이 다시 활력을 되찾기 시작했다. 또 1937년에는 도시 저소득 가구에 대한 주거 지원책의 일환으로 한국의 공공임대주택에 해당하는 공공주택public housing 프로그램이 시작되었다.

1차와 2차 세계대전을 거치면서 1940년대 미국에서는 군수산업이 크게 확대되었고, 군수공장에서 일하기 위해 수많은 농촌인구가 도시 지역으로 몰려들었다. 미국 서부와 동부의 주요 도시인구가 1년 만에 두 배, 세 배로 증가했다. 당연히 도시 내 주택의 절대부족 현상이 심각한 사회문제로 대두되었다.

이에 대처하기 위해 미국 정부는 1949년 주택법을 전면 개정하여, '모든 미국인에게 안전한 환경에서 양질의 주택을 공급하는 것'을 목표로 6년간 매년 13만 5,000호씩, 총 81만 호의 공공주택을 건설하는 계획을 입안했다. 물론, 실제로는 민간 건설업계의 반대와 집요한 의회 로비 등으로 당초 계획한 물량에는 못 미쳤지만, 공공주택 건설은 당시 핵심적인 주택정책 프로그램이었다.

1940년대는 또한 미국 사회에서 새로운 주택 건설 기준과 토지계획, 건설자재, 건축기술 등이 형성된 시기다.

1953년 드와이트 아이젠하워Dwight Eisenhower 대통령이 취임하면서 대도시 지역 내 슬럼 청산과 도심지 재개발사업을 주택정책의 주요 목표로 추진하게 된다. 이에 따라 다양한 재개발 프로그램이 마련되었으며, 공공주택 건설도 그 일환으로 더욱더 탄력을 받게 되었다.

이런 대도시 중심의 재생사업과 별개로, 1950년 이후 미국 사회에서는 대도시 주변 교외지역으로 주거지가 확산되는 경향이 강해졌다. 특히 1956년 고속도로법이 제정되어 도시와 주를 연결하는 고속도로와 자동차도로 건설이 활발해지면서 이런 경향은 더욱 가속화되었다.

이처럼 교외지역으로 주거지가 확산된 데는 미국 정부의 역할도 컸다. 교외에 주택을 건설하거나 구입하는 사람에 대한 직접적인 모기지 지원부터 간접적인 조세 인센티브까지 다양한 정책적 지원이 이어졌다. 이로 인해 미국인들의 자가 보유 비율은 급격히 증가했다.

특히 미국의 중추세력, 즉 인종적으로는 백인들이 교외지역으로 이전함으로써 공가空家가 된 대도시 내 아파트 등의 공동주택은 아프리카미국인(흑인) 등 상대적으로 소득수준이 낮은 소수민족으로 채워졌다. 이로써 민족간, 인종간 분리가 더 강화되는 경향이 나타나기도 했다.

1977년 지미 카터Jimmy Carter 대통령의 민주당 행정부가 들어서면서 도시와 주택정책은 새로운 변화를 맞게 된다. 1970년대 미국은 탈脫산업화가 심화되면서 도시와 주변지역의 공장 상당수가 문을 닫고, 물가는 오르고 실업률은 증가하는 이른바 '스태그플레이션stagflation'을 겪고 있었다.

그동안 주택부문에서 연방정부의 역할은 막대했는데, 새로 취임한 카터 대통령은 보다 제한적인 연방정부의 역할을 주창했다. 즉, 비영리단체나 지방정부와 더불어 민간부문의 역할을 강조한 것이다. 또 신규 주택 건설에 대한 직접적인 지원보다는 저소득 가구가 밀집되어 있는 도시 내 낙후지역의 주거지 개량사업 등을 통한 이들 지역의 활성화에 주안점을 두었다.

이런 경향은 1980년대 레이건 행정부가 들어서면서 더욱 가속화되었다. 그동안 늘어만 가던 연방정부의 주택예산이 상당부분 삭감되기 시작했다.

1980년대에는 주거지의 급격한 교외지역 확산에 대한 대응으로 새로운 도시개발 운동, 즉 뉴어버니즘New Urbanism이 등장했다. 뉴어버니즘은 미국의 도시가 현재처럼 자동차에 점령당하기 이전의 형태, 즉 제2차 세계대전 이전의 도시 형태로 돌아가야 한다는 주장을 담고 있었다.

1990년부터는 뉴어버니즘적 요소를 실제로 적용한 도시와 주택단지 개발 사례가 늘어나게 된다. 이들의 대표적인 형태는, 직장과 주거지를 근거리에 배치하고 다양한 형태와 규모의 주거지를 개발함으로써 여러 소득계층과 인종이 더불어 사는 사회통합적 도시설계다. 뒤에 살펴볼 '공공주택 현대화 프로그램HOPE VI'도 이런 뉴어버니즘의 개념을 원용한 것이라고 할 수 있다.

1990년대 이후 미국 주택시장은 세계 어느 나라에서도 볼 수 없는 정교하고도 복잡한 주택금융 시스템으로 미국인들의 자가 보유 욕구를 충족시켜주었다. 특히 단순한 대출관계에서 벗어나 모기지를 바탕으로 한 주택저당증권MBS 발행이 활발해지면서, 다른 금융·자본시장과의 연결고리가 강해지고 세계 금융시장과도 연결되었다.

대출여력과 주택가격의 상승은 주택 구매 수요를 자극했고, 신규 주택 건설의 폭발적인 증가로 이어졌다. 주택 구매자, 주택 건설업체, 주택 금융기관, 그리고 연방정부를 포함한 공공기관들까지 최고의 황금기를 누렸다. 그러나 2007년 주택가격이 하락하기 시작하면서, 그동안 황금기를 구가했던 이 모든 주체가 엄청난 고통과 손실을 떠안게 되었다.

미국 정부는 2007년 이후 붕괴된 주택시장을 재건하기 위해 동분서주하고 있다. 주택금융 시스템을 다시 구축하고, 주택 소유자의 고통과 부담을 완화하는 동시에 주택시장이 활력을 되찾을 수 있도록 다양한 정책수단을 강구하고 있다.

자가 보유 촉진 VS 무주택 서민의 주거 안정

:

현재 미국 정부가 추구하는 주택정책의 1차적 목표는 무엇일까? 자가 보유 촉진과 주택 소유자의 경제 안정일까, 아니면 무주택 서민들의 주거문제 해결일까?

대부분의 사람들은 정부의 주택정책이 공공주택의 건설과 공급 그리고 저소득 가구에 대한 각종 보조 등을 통해 무주택 서민들에게 직접 연결되어 있다고 생각하겠지만, 실제 미국 연방정부는 주택 소유자에게 더 많은 지원을 하고 있다. 2012년의 경우, 무주택 임차 가구가 연방정부로부터 약 415억 달러(약 46조 원)의 보조금을 받은 반면, 주택 소유자는 모기지 지불 이자에 대한 세금 감면 등 각종 세제혜택을 통해 약 1,232억 달러(약 137조 원)에 상당하는 지원을 받았다.

이는 기본적으로 주택을 소유한 가구가 전체 가구의 대부분(3분의 2 이상)을 차지하는 현실을 반영한 것이고, 자가 보유 촉진이 신규 주택 건설과 판매 활성화 등을 통해 미국 경제에 더 많이 기여하기 때문이다. 또한 2007년 버블 붕괴에서 보았듯이, 주택 소유자의 안정이 모기지시장을 통해 국내외 금융시장과 긴밀히 연관되기 때문이다.

그런데 이처럼 주택 소유자에 집중된 각종 지원은 최근 주택정책 목표에 대한 재조명과 함께 연방정부 예산 축소와 맞물려 새로운 도전을 받고 있다.

02

미국 주택시장의
동향과 추이

미국인의 주거 상황

:

전통적으로 주택정책의 핵심 목표 중 하나는 주택의 질을
개선하고 일정 수준 이하의 주택을 철거 또는 재개발 등을
통해 시장에서 일소하는 것이다.

미국도 1940년에는 전체 가구의 45%가 제대로 된 상하수

도 시설이 없는 주택에 거주할 정도로 주거 상황이 좋지 않았다. 그러다가 전후 미국 정부의 슬럼 청산, 신규 주택 건설, 도시 재개발사업 등 각종 개혁적인 조치로 주거 상황이 급속도로 개선되었다. 예를 들어, 상하수도 시설이 없는 주택이 1960년에는 17%로, 1980년에는 3%로, 2009년에는 0.5% 미만으로 크게 감소했다.

미국 정부는 2년마다 전국을 대상으로 주택조사American Housing Survey를 실시한다. 최초의 주택조사는 1973년 6만 호의 주택을 표본으로 시작되었다. 1981년까지는 매년 실시되었으나, 예산 제약으로 1983년 이후에는 2년 주기로 실시하고 있다.

: 그림 2 : 상하수도 시설이 없는 주택의 비중 추이

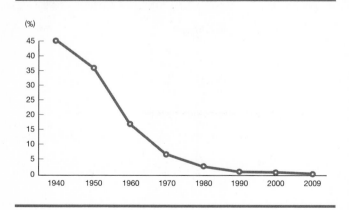

자료 : U.S. Census Bureau & HUD(Department of Housing and Urban Development).

주택조사는 주택의 크기, 주택 현황, 공실률, 사용 연료, 물리적 상태, 거주자의 특성, 개량 여부, 담보대출과 기타 관련 비용, 주택의 가치, 최근 이주자들의 특징 등 주택의 전반적인 특성에 대해 조사하고 최신 정보로 업데이트한다. 그 결과물을 통해 미국 내 전체 주택의 양적·질적 상태가 어떻게 개선되고 있는지를 시계열적으로 분석할 수 있다.

가장 최근에 발표된 2011년 주택조사의 주요 내용을 살펴보자. 주택에 거주하는 총 가구 수는 1억 1,490만으로, 이중 64%인 7,376만 가구가 독립된 단독주택에, 6%가 타운하우스에, 24%가 우리의 아파트와 유사한 공동주택에, 6%가 트레일러나 이동식 주택에 거주하고 있는 것으로 나타났다.

：그림 3： 주택 유형별 거주 비중(2011년 기준)

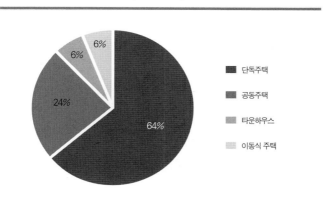

자료 : U.S. Census Bureau & HUD.

한국의 경우 국민의 60%가 아파트에서 생활하고 있는 데 비해 미국은 대다수가 단독주택에 살고 있음을 알 수 있다.

주택의 평균 나이는 37세였으며, 10년 단위로 볼 때 주택이 가장 많이 지어진 시기는 1960~1969년으로, 이 기간에 전체 주택의 12%에 해당하는 1,360만 호가 건설되었다. 또 1919년 이전에 지어진 상당히 오래된 주택도 760만 호로, 전체 주택의 7%나 되는 것으로 나타났다.

주택의 층수를 기준으로 보면, 1층과 2층인 주택이 전체의 70%이고 7층 이상인 주택은 2%에 불과한 것으로 나타나, 우리와 달리 저층 위주임을 알 수 있다.

주택의 침실 수는 전체 주택의 43%가 3개, 25%가 2개, 22%가 4개 이상이었다.

현재의 주택 상태에 대한 거주자의 만족도를 10점 척도로 조사한 결과, 대부분(87%) 7점 이상을 주었으며, 10점 만점을 준 경우도 전체의 30%나 되어, 전반적으로 주택의 물리적 상태에 만족하고 있는 것으로 나타났다.

현재의 주택을 선택하게 된 동기에 대해서는, 자금여력 등

┊표 1┊ 층수별 주택 비중(2011년 기준)

층수	1층	2층	3층	4~6층	7층 이상
비중(%)	34	36	23	5	2

자료 : U.S. Census Bureau & HUD.

┋표 2 ┋ 현재 주택 상태에 대한 만족도 비중(2011년 기준, 10점 만점)

점수	4점 이하	5~6점	7점	8점	9점	10점
비중(%)	3	10	14	27	16	30

자료 : U.S. Census Bureau & HUD.

을 고려한 경제적 이유가 24%로 가장 높았으며, 침실 배치 등의 내부 구조, 주택의 크기, 외관 등이 뒤를 이었다.

주택 소유자가 거주하고 있는 주택(7,609만 호)의 중앙값 median은 16만 달러(약 1억 8,000만 원)로, 75만 달러(약 8억 4,000만 원) 이상의 고가 주택이 254만 호 있는 반면, 1만 달러(약 1,100만 원) 미만인 초저가 주택도 160만 호 있는 것으로 조사되었다.

매달 임대료, 전기·가스·수도 사용료, 건물 유지보수비 등 주택 관련 비용으로 전체 가구의 8%가 300달러(약 33만 원) 미만을, 34%가 300~500달러를, 33%가 500~1,500달러를 지불하고 있으며, 1,500달러(약 170만 원)를 초과하는 경우도 24%나 되었다. 주거비용이 만만치 않음을 알 수 있다.

매달 내야 하는 모기지의 원금과 이자를 보면, 전체 가구의 19%가 500달러(약 55만 원) 미만을, 42%가 500~1,000달러를, 16%가 1,000~1,500달러를, 그리고 22%가 1,500달러를 초과해 지불하며, 평균적으로는 843달러(약 94만 원)를 지출하고 있었다.

주택 거주 형태

:

미국 사회에서 1940년까지는 대다수 가구가 자기 소유가 아닌 다른 사람의 주택에 임대 형태로 거주했다. 1940년에 자가 거주 비율은 44%에 불과했다. 그러던 것이 1960년에 이르러 62%로 급격히 상승했다. 1980년대에 소폭 감소하기는 했지만, 2000년 중반까지 자가 거주 비율은 지속적으로 상승했다. 그 이유는 뒤에 자세히 설명하겠지만, 경제 상황의 계속된 호조, 낮은 이자율, 정교한 주택금융 시스템과 연방정부의 자가 보유 촉진을 위한 다양한 지원책이 복합적으로 작용한 결과라고 할 수 있다.

:그림 4: **자가 거주 비율 추이(전국 평균)**

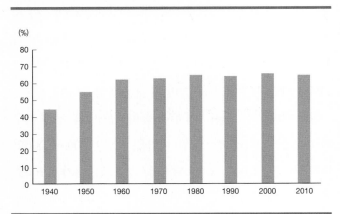

자료 : U.S. Census Bureau & HUD.

자가 거주 비율은 주택가격이 급등하기 직전인 2004년에 69.4%로 최고치를 기록했다. 2007년 버블 붕괴 이후에는 주택 구매 수요가 감소하면서 자가 거주 비율도 조금씩 낮아져 2011년에는 64.6%까지 떨어졌다. 그러나 한국의 54%에 비하면 여전히 10% 이상 높은 수치다.

자가 거주 비율은 가구의 특성에 따라 많은 차이를 보인다. 기혼 부부, 백인 가구, 중·노령층 가구, 교외와 중소도시 지역에서 높다. 2011년을 예로 들면, 백인의 자가 거주 비율은 72%로 히스패닉Hispanic이나 흑인 가구보다 높았다. 또 대도시에서는 53%였으나, 교외지역은 75%로 상대적으로 높았다.

:그림 5: 인종별 자가 거주 비율(2011년 기준)

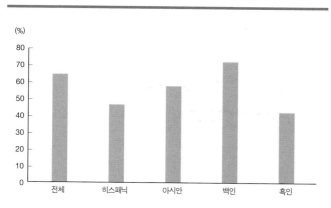

자료 : U.S. Census Bureau & HUD.

신규 주택 건설

:

1975~2008년 미국의 주택산업은 평균적으로 연간 170만 호의 신규 주택을 건설했다. 주택 건설은 항상 경기순환과 함께 시기별로 확장과 수축의 사이클을 반복했다. 다만 1991~2006년에는 거의 매년 주택 착공 호수가 지속적으로 늘어났다.

그러나 2007년 버블 붕괴 이후 주택 건설은 주택금융 시스템 붕괴 등으로 인해 급격히 줄어들었다. 2008년 신규 주택 착공은 98만 4,000호로, 2006년에 비해 49%나 급감하여 제2차 세계대전 이후 최저치를 기록했다. 신규 주택 건설 급감 추세는 2009년 55만 4,000호로 더욱더 악화되었다.

2012년 하반기 이후 대도시 지역을 중심으로 주택가격이 상승하는 등 수요가 살아나면서 신규 주택 건설도 2010년 58만 5,000호, 2011년 65만 7,000호, 2012년 95만 4,000호로 꾸준히 증가하고 있으나, 아직은 연간 기준 100만 호를 밑돌고 있다.

신규 주택 건설 감소는 중산층 이상이 선호하는 단독주택에서 더욱 크게 나타났다. 사실 1980년대부터 2008년까지 신규 주택 건설의 대부분(78%)은 단독주택의 몫이었다. 그러나 2008년 신규 단독주택 착공 비중은 63%로 급격히 줄어들었다.

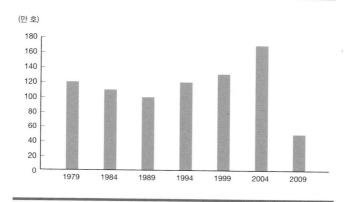

(만 호)

자료 : U.S. Census Bureau & HUD.

한편, 주택의 규모는 대형화·고급화되었다. 신축 단독주택의 평균적인 규모를 보면, 미국 통계국Census Bureau이 조사를 시작한 1973년 약 143제곱미터(1,535제곱피트)였으나, 2007년에는 약 212제곱미터(2,277제곱피트)로 늘어났다. 또 중앙 에어컨 시설을 갖춘 단독주택은 같은 기간에 49%에서 90%로 크게 증가했다.

결과론적으로 주택가격의 지속적인 상승이 주택부문에 대한 과도한 투자와 소비를 낳았다고 지적하는 사람이 많다. 그러나 아이러니하게도, 신축 단독주택의 대형화 현상은 우리의 예상과 달리 버블 붕괴 이후에도 계속되고 있다. 2012년에는 약 214제곱미터(2,306제곱피트)로, 1973년에 비해 가구원 수는 10% 감소했으나, 주택의 평균 규모는 50% 정도 커졌다.

주택 규모의 대형화 경향에 맞춰, 주택당 침실 수도 많아졌다. 침실 4개 이상이 전체 신축 주택의 41%로, 조사 이래 가장 높은 비중을 보였다. 이를 두고 전문가들은 주택 소유자가 지하층Basement의 방을 학생 등에게 임대하거나, 멀티미디어룸으로 개조해 활용하는 사례가 늘고 있는 데서 일부 원인을 찾고 있다.

참고로, 미국에서도 집을 다 짓기 전에 사전 분양하는 사례가 있다. 미국은 단독주택 중심이지만, 주택업체가 콘도미니엄(우리의 아파트와 유사)이라 불리는 공동주택을 건설하

: 그림 7 : 신축 단독주택의 침실 수 추이

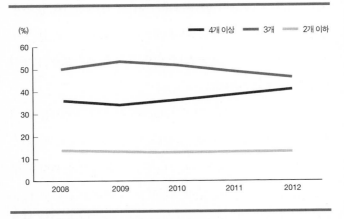

자료 : U.S. Census Bureau & HUD.

면서 우리와 비슷하게 미리 분양을 하는 것을 흔히 볼 수 있다. 집을 짓기 위해 확보한 대지(공터)에 현수막을 걸고 분양 광고를 하거나, 모델하우스를 지어놓고 분양 상담을 하는 장면이 여기저기서 목격된다. 또 단독주택이라 하더라도 주택업체가 여러 채를 지어 일반인에게 분양할 경우 이와 유사한 방법으로 선분양하여 자금을 확보하고 있다. 따라서 선분양 제도가 한국에만 있는 이상하고 불합리한 제도는 아니라고 할 수 있다.

주택 버블
:

일반적으로 '주택 버블'은 실제 내재가치보다 시장에서 형성되는 거래가격이 더 높은 경우를 말한다. 1990년대 중반에 시작되어 2000년 이후 가속화된 미국의 주택가격 상승은 통상적인 상승치를 훨씬 넘어섰다. 특히 2002~2006년에는 전국 주택가격이 연평균 10% 이상 상승했다.

집값의 이런 급격한 상승은 캘리포니아와 플로리다 등 미국 동부와 서부의 해안지대, 이른바 '선벨트sun belt 지역'에서 특히 두드러졌다. 일례로 캘리포니아 주에 위치한 샌디에이고San Diego의 연간 집값 상승률은 2001년 18%, 2003년 21%, 2005년 33%로 급상승했다. 이들 지역에서는 자기가 거주

: 그림 8 : 주택 평균 판매(거래) 가격 추이

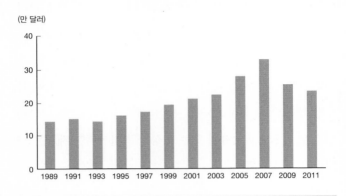

자료 : NAR(National Association of Realtors).

: 그림 9 : 미국 전역과 샌디에이고 지역의 주택가격 변동률 비교

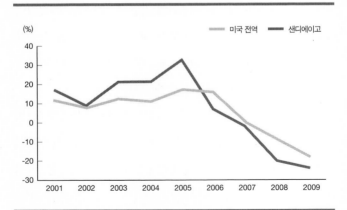

자료 : Case–Shiller Home Price Index.

하기 위해서가 아니라 투자 목적으로 주택을 구입한 경우가 전체 수요의 25% 이상을 차지했다.

주택가격 상승 붐은 동시에 엄청난 규모의 모기지대출 증가로 이어졌다. 금융기관들은 대출 신청자의 소득이나 담보주택의 가치 등에 대한 면밀한 조사 과정을 거치지 않고 경쟁하듯 신청금액을 승인해주었다. 심지어 당시 주택가격보다 10~20% 많이 대출된 경우도 있었다. 주택시장에 대한 금융기관들의 지나치게 낙관적인 전망과 도덕적 해이가 버블 붕괴의 주요 원인이었다고 보는 전문가가 많다.

2007년 버블 붕괴 이후 주택 건설, 판매, 가격 등 모든 지표에서 급격한 변화가 나타났다. 예를 들어 단독주택 착공

: **그림 10** : 신규 주택 판매량 추이

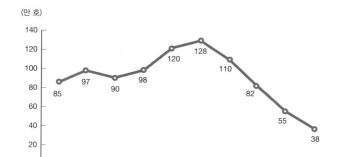

자료 : U.S. Census Bureau & HUD.

호수의 경우, 2005년에는 1997년보다 50% 증가했으나, 2009년에는 도리어 1997년보다 30% 감소했다. 주택가격도 2008년과 2009년 전국 평균적으로 각각 11%, 19% 하락했으며, 신규 주택 판매량도 급감했다.

2013년 들어 미국 주요 도시를 중심으로 주택가격 상승폭이 커지고 주택 매매시장에서 매물보다 수요자가 많은 초과 수요 현상이 지속되면서 일부 전문가를 중심으로 제2의 버블 우려가 나오고 있는 것이 사실이다. 특히 민간 부동산 전문기관인 질로우Zillow 조사에 따르면, 주요 대도시의 경우 2013년 상반기 주택 구입자의 절반 가까이가 별도의 금융기관 모기지를 이용하지 않고 100% 현금으로 주택을 구입한 것으로 나타나, 실수요자보다 여유자금을 가진 부유층이 투자 목적으로 주택을 구입하는 비중이 늘어난 것으로 보인다. 이를 두고 일부에서는 지금의 미국 주택시장이 건전하다고 할 수 없다는 평가를 내리고 있다. 그러나 대다수 전문가들은 5년 전과는 시장 상황이 크게 다른데다 주택금융 시스템을 포함한 각종 제도가 보완된 상태여서 주택 버블 문제는 크게 염려할 수준이 아니라고 주장한다. 오히려 버블 붕괴 이후 침체 국면을 벗어나지 못했던 주택시장이 균형점을 점차 찾아가고 있다고 말한다.

주택비용과 주택 구입능력

:

주택의 질적 문제가 상당부분 해소된 지금, 미국 주택시장에서 주택의 물리적 상태보다 더 많은 관심을 받고 정책적으로도 크게 고려되는 부분은 전체 가구 소득에서 주택 관련 비용이 차지하는 비중, 즉 주택 구입능력affordability이다. 물리적으로 열악한 주거 상태에서 거주하고 있는 가구는 전체의 2% 미만인 반면, 전체 가구의 16%, 임차 가구의 24%가 매달 소득의 50% 이상을 주택 관련 비용으로 지출하고 있는 현실이 반영된 것이다.

미국에서 가장 일반적으로 사용되는 소득 대비 주거비용의 평균은 30%다. 자기 소득의 30% 이상을 주택에 지출할 경우 '과도한 주거비용 부담excessive housing cost burden'으로, 50% 이상을 지출하면 '심각한 주거비용 부담severe housing cost burden'으로 정의한다. 심각한 주거비용을 부담하는 저소득 가구는 정부의 공공주택과 보조 프로그램의 최우선 지원 대상이 된다.

'구입능력'의 개념은 자가 소유자냐 임차 거주자냐에 따라 달라진다. 임차 거주자의 주택 구입능력은 소득 대비 월 임대료로 쉽게 계산할 수 있지만, 자가 소유자는 주택담보대출 이자에 대한 각종 공제와 주택보유세, 장래 주택가격 변화에 따른 자본이득 등을 종합적으로 고려해야 하기 때문에 여러 가지 복잡한 산식算式을 거친다.

최근 주택도시부가 '2011년 미국 주택조사 자료'를 분석한 결과에 따르면, 월 소득의 50% 이상을 임대료로 지불하거나 최저 주거 기준 미달 주택에 거주하는 가구, 이른바 '주거빈곤 가구'가 2000년대 들어 계속 증가하고 있는 것으로 나타났다.

예를 들어 2011년의 경우, 주거빈곤 가구는 847만 5,000가구로, 2009년의 709만 5,000가구보다 19.4% 증가했다. 이는 미국 정부의 주택시장 안정화 노력에도 불구하고, 미국 내 경제 상황 악화와 임대료의 지속적인 상승으로 저소득 가구의 주거 실태가 더욱더 열악해지고 있음을 보여주

:그림 11 : 주거빈곤 가구 추이

(만 가구)

자료 : HUD, "American Housing Survey".

는 것이다.

노숙자

:

노숙자homelessness는 가장 심각한 주택문제 중 하나다. 거주할 주택이 없는 '노숙露宿' 상태가 되면 직업을 구하기도, 유지하기도 힘들어진다. 취학연령의 아이들은 정상적으로 학교에 다닐 수 없어 학습기회를 박탈당하고 만다. 노숙은 또 질병 발생 위험을 높이고, 정신질환과 약물남용, 범죄 등의 위험에 쉽게 노출된다. 각종 사회병리 현상과 직·간접적으로 연관되어 있는 것이다.

미국 사회에서 노숙자는 1980년대 초반을 기점으로 특징이나 규모 면에서 많은 변화가 있었다. 1980년대 초반까지만 해도 주로 노인, 알코올중독자, 독신남자 등이 대부분이었다면, 그 이후에는 여성과 가족단위 노숙자가 늘어나는 등 다양해졌다.

사회문제로서 노숙자의 심각성을 인식하면서도 미국 정부가 그 규모와 특징에 대해 공식적으로 조사한 것은 2005년부터였다. 주택도시부가 전국 3,000개의 도시와 지역을 대상으로 표본조사한 결과를 바탕으로 추정한 수치에 따르면, 2005년 노숙자가 74만 4,313명이었으나, 2008년에는 66만

감소 추세이긴 하나 2012년 미국의 노숙자 수는 63만 명 이상인 것으로 추정된다. (사진 제공 : HUD)

4,414명, 2012년에는 63만 3,782명으로 지속적으로 감소하고 있는 추세다.

2012년의 경우 개인 노숙자가 62%, 가족단위가 38%였다. 장기간 만성적인 노숙자는 9만 9,894명으로, 2011년에 비해 6.8% 감소한 것으로 나타났다. 지역별로는 미국 50개의 주 가운데 캘리포니아(20.7%), 뉴욕(11.0%), 플로리다, 텍사스, 조지아 등 5개 주에 전체 노숙자의 절반 가까이가 집중되어 있다. 이들 지역에 다양한 민족과 인종이 몰려 있고, 고용 상황과 주택시장의 진폭이 다른 지역보다 큰 데서 그 원인을 찾을 수 있다.

미국 정부는 갑작스러운 경제위기로 노숙자가 된 개인과 가족을 보호하기 위해 2007년부터 15억 달러(약 1조 7,000억 원)에 달하는 예산으로 '노숙자 예방 및 주택 마련 프로그램'을 운영하고 있다. 최근 노숙자의 절대수치가 감소한 것은 일정부분 이런 프로그램의 운영 효과라고 할 수 있다.

그러나 절대수치의 감소에도 불구하고 미국의 대도시를 여행하다 보면 번잡한 교차로 등에서 구걸행위를 하는 노숙자를 여전히 어렵지 않게 볼 수 있다.

고령화 등 인구구조의 변화
:

한국의 경우 통계당국의 전망에 따르면, 결혼율과 출산율의 하락으로 그동안 증가 일로에 있던 절대인구가 2030년부터 줄어들고, 이에 따라 가구 수도 감소해 주택 수요가 장기적으로 줄어들 거라고 한다. 정부의 중장기 주택공급정책도 이런 수요 변화에 맞춰 단계적으로 축소·조정되어야 한다는 주장도 있다.

미국은 어떨까? 향후 인구구조는 어떻게 변화하고, 주택시장에 어떤 영향을 주게 될까? 한국과 달리 미국은 출산에 의한 자연적인 인구 증가와 인접국가 등에서의 이민인구 증가로 절대인구는 상당기간 계속 증가할 것으로, 미국 통계당국은 전망하고 있다.

구체적으로 보면, 미국 전체 인구는 2010년 3억 1,000만 명에서 2020년 3억 3,400만 명으로 증가하고, 2050년에는 4억 명을 넘어설 것이라고 한다. 절대인구의 지속적인 증가는 주택시장에서 신규 주택 건설 수요와 기존 주택 개량 수요로 이어져, 주택산업이 계속 미국 전체 경제 성장의 동력 역할을 하게 될 것이라는 전망이다.

그러나 미국 사회는 이러한 장밋빛 전망의 이면에서 그동안 경험하지 못했던 급격한 인구구조 변화를 겪고 있다. 고령화가 가속화되고, 젊은이들의 결혼연령이 늦어지면서 출산시기도 늦춰지고 있다. 여기에 인종적·민족적으로도 과거보다 더 다양화되고 있다.

미국 통계국에 따르면, 2012년의 경우 백인 인구는 출생보다 사망이 많아 역사상 처음으로 순 자연인구의 감소가 발생한 반면, 아시안은 2.9%, 히스패닉은 2.2% 증가했다고 한다. 2012년 기준으로 전체 인구의 65%를 차지하고 있는 백인 인구는, 현재의 추세가 계속된다면 2050년에는 소수 인종으로 전락할 것이라는 전망도 나오고 있다.

또한 베이비붐 세대의 자녀 세대로 1981~1995년에 태어난 6,200만 명의 이른바 '에코붐echo boom' 세대가 생애 처음으로 부모로부터 독립해 그들 자신의 가구를 꾸려나가기 시작했다.

이런 인구구조의 변화들은 주택 수요의 변화와 함께 미국인들이 선호하는 주택의 유형에도 많은 변화를 가져올 것이다. 따라서 정부의 주택정책도 이런 변화 추세에 맞춰 근본적으로 재설계할 필요성이 점차 커지고 있다.

미국 사회의 고령화 경향부터 살펴보자. 한국과 마찬가지로 미국도 과학과 의학기술이 발달하면서 점차 사람들의 평균 수명이 늘어나고 있다. 전후 1946~1965년에 태어난, 7,800만 명에 이르는 이른바 '베이비붐' 세대가 2011년부터 65세 이상의 고령 인구에 진입하기 시작했다.

미국 통계국의 인구 전망치에 따르면, 이런 베이비붐 세대의 고령화로 인해 2000년 3,500만 명이었던 고령 인구가 2030년에는 7,300만 명으로 대폭 증가하고, 고령 인구의 비율도 2012년 현재 13%에서 2030년 20%로 증가할 것

⋮ 그림 12 ⋮ 평균 수명 추이

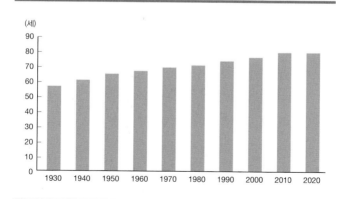

자료 : U.S. Census Bureau, "Expectation of Life at Birth".

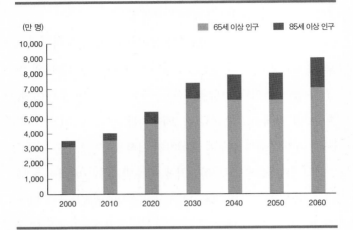

(만 명)
65세 이상 인구
85세 이상 인구

자료 : U.S. Census Bureau.

이라고 한다. 더불어 85세 이상의 초고령 인구도 2000년의 420만 명에서 2030년에는 900만 명 수준으로 늘어날 전망이다.

고령화의 급진전은 여러 가지 건강과 질병 이슈를 동반하고 있다. 한 조사에 따르면, 75세 이상 고령자의 절반 이상이 시력과 청력에 장애가 있으며 홀로 거동하기가 어렵다고 한다. 문제는 이런 건강상의 어려움에도 불구하고 많은 노인 가구가 현재 살고 있는 집과 지역을 벗어나지 않으려고 한다는 것이다. 65세 이상 노인 가구의 70%가 단독주택에 살고 있는데, 이들의 90%는 자신이 현재 살고 있는 집에서

삶을 마감하기를 원한다고 한다.

하지만 자신의 집에 계속 거주하고자 하는 노인 가구의 강한 열망에도 불구하고, 현실적으로는 많은 장애요인이 있다. 과거에 인구구조 변화가 반영되지 않은 채 지어져 노인들이 생활하기에 집이 불편할 뿐만 아니라 거리 조명, 교통수단 등 주변 환경도 부적합한 곳이 많다.

노인 가구가 그들의 희망대로 자신의 집에서 계속 편안하게 살아가려면 이동편의시설과 각종 의료시설 확보를 위한 개보수와 리모델링이 이루어져야 한다. 연방정부 차원에서 보면, 주택정책을 담당하는 주택도시부와 의료 및 국민건강 업무를 담당하는 보건복지부HHS, Department of Health and Human Services 간의 협업이 어느 때보다 더 강조되는 이유다.

다음으로 문제되는 것은 이들 노인 가구의 주거비 지불능력이다. 미국의 대다수 노인 가구는 자기 집을 소유하고 있다. 그러나 이들 중 상당수는 직장에서 은퇴한 후 연금 등 제한된 소득을 가지고, 전기·가스 사용료, 주택 개보수비용, 재산세 등 각종 세금을 감당하는 데 어려움을 겪고 있다. 더구나 자기 집이 없는 임차 노인 가구의 70%는 소득의 30% 이상을 임대료로 지불하고 있다.

따라서 이들이 주거비용을 감당할 수 있도록 다양한 지원책이 추가로 강구되어야 한다. 예를 들어, 소유한 주택을 담보로 매달 연금 형식으로 생활자금을 지원받는 '역逆모기지'

제도를 보다 활성화하고, 무주택 임차 노인 가구를 위해 저렴한 '노인주택assisted living'의 공급을 확대하는 등의 방안이 정치권을 중심으로 활발하게 논의되고 있다.

한편, 2020년까지는 에코붐 세대가 임차주택의 주요 수요자가 될 전망이다. 특히 집값 수준이 상당히 높아 젊은 층이 주택을 구입하기에는 한계가 있는 대도시를 중심으로 이런 현상이 뚜렷해질 것으로 보인다. 미국 도시연구소The Urban Institute의 분석에 따르면, 2020년까지 500만~600만 명이 새로운 임차 가구를 형성할 것이고, 이들의 대다수는 에코붐 세대일 거라고 한다.

에코붐 세대는 베이비붐 세대보다 인종적으로나 민족적으로 더 큰 다양성을 띠고 있다. 또한 대개 독신 가구이거나 자식이 없다. 2009년 기준으로 보면, 에코붐 세대의 21%가 결혼을 한 반면, 베이비붐 세대의 경우 과거 같은 시기에 50%가 결혼을 한 상태였다. 그리고 에코붐 세대의 20%가 자녀가 있는 반면, 베이비붐 세대는 과거 같은 시기에 30%가 자녀가 있었다.

에코붐 세대는 과거보다 풍요롭고 안정된 사회환경 속에서 베이비붐 세대보다 높은 고등교육을 받았다. 전체의 54%가 적어도 대학교육 이상을 이수했으며, 특히 여성의 경우 과거 세대보다 교육수준이 월등히 높다.

그러나 2007년에 불어닥친 글로벌 경제위기는 이들의 경제활동에 막대한 영향을 미쳤다. 높은 학력에도 불구하고 일자리를 찾기 어려웠고, 학창시절에 빌린 학자금 상환에 시달려야 했다.

그 결과, 지난 5년간 많은 에코붐 세대가 자신만의 새로운 가구 형성을 뒤로 미루고, 부모와 함께 살거나 친구들과 주택을 공유했다. 실제로 2000~2007년에는 매년 평균적으로 120만 가구가 새로이 생겨났으나, 2007~2011년에는 연간 56만 8,000가구가 생기는 데 그쳤다.

그러나 경제 상황이 호전되어 고용시장이 개선되면, 이들 에코붐 세대의 새로운 가구 형성이 다시 활발해지면서 주택 수요도 늘어날 것이다.

향후 10년간 미국 사회에서 에코붐 세대가 임차주택의 핵

: 그림 14 : 남성 에코붐 세대의 거주 형태(2012년 기준)

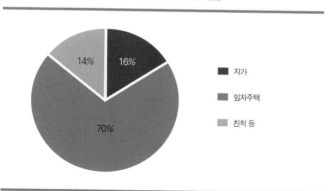

14%　16%

70%

■ 자가
■ 임차주택
■ 친척 등

자료 : NAR

심 수요 계층이 됨과 동시에, 이들 세대의 상당수는 점차 임차 가구에서 자가 가구로 옮겨갈 것이라는 전망도 나오고 있다. 많은 조사에서 이들 세대의 압도적인 대다수는 계속 임차주택에 살기보다는, 경제 상황이 개선되면 주택을 구입할 거라고 응답했다. 미국 부동산중개인협회NAR, National Association of Realtors의 자료에 따르면, 최근 주택을 구입한 사람 중 31%가 에코붐 세대라고 한다. 이런 경향은 특히 최근 미국에서 급속히 늘어나고 있는 남미계의 히스패닉 사회에서 뚜렷해지고 있다.

많은 지역에서 이들 에코붐 세대가 베이비붐 세대가 은퇴후 생활비를 마련하고 주거비 부담을 줄이기 위해 시장에 내놓은 단독주택을 흡수할 대안으로 인식되고 있다. 에코붐 세대에 의한 주택 매물 흡수 과정은 주택시장에 선순환을 가져오고, 지역 주택시장의 안정과 활성화에 중요한 역할을 할 것이다.

그러나 전문가들의 전망에 따르면, 에코붐 세대의 주택 수요 양태는 과거 베이비붐 세대와는 많이 다를 것이라고 한다. 이들은 과거 세대와 달리 주택을 구입하는 목적이 단순히 주거 안정이 아니라, 투자나 자본 형성에 더 중점을 둔다는 것이다.

이들은 또한 환경문제와 시간에 보다 민감하게 반응하고 실용성을 추구한다. 따라서 태양열 등 대체에너지를 사용하는 에너지 절약형 주택을 선호하고, 직장과 가깝고 생활하기 편리한지를 더 중요하게 고려할 것이다. 이에 따라 미국 주택시장에서 주택의 건설과 점유 형태도 많이 달라질 것으로 예상된다.

03

미국 주택정책을 읽는 키워드 1

주택금융

주택금융 시스템 출현의 역사적 배경

:

1930년대 중반까지만 해도 미국 사회에서 주택에 대한 모기지의 일반적인 형태는 지금과 많이 달랐다. 대출기간은 3년에서 길어야 10년인 단기대출 중심이었고, 3개월이나 6개월 단위로 금리가 수시로 변하는 변동금리부 대출이었다. 대출

받은 사람은 기간이 만료되면 연장하거나 재계약을 통해 대출기간을 늘려나갔다.

금융기관의 '주택담보대출 비율LTV, Loan to Value', 즉 주택가격 대비 대출 한도도 60%를 넘지 않아서, 주택을 구입할 때 자기 자금으로 상당한 액수의 계약금을 지불해야만 했다.

따라서 월급쟁이나 중산층이 주택을 구입하기는 결코 쉽지 않았다. 당시 자기 주택을 보유하거나 거주하는 가구의 비율은 45%에 지나지 않았고, 주택 보유자는 대부분 도시 내 부유층이거나 농촌지역에서 대규모 농장을 경영하는 사람들이었다.

1929년부터 밀어닥친 경제대공황은 자가 보유율과 주택 소유자들에게 엄청난 타격을 주었다. 집값은 아주 짧은 기간에 50% 이상 떨어졌다. 수백만 명의 미국인이 직장을 잃었고, 이에 따라 많은 주택 소유자가 더 이상 매달 지불해야 하는 대출 원리금을 갚을 수 없게 되었으며, 이는 곧 돈을 빌려준 금융기관의 대규모 차압으로 이어졌다. 1931년에서 1935년 사이 거의 절반에 가까운 주택 소유자가 대출 원리금을 제때 갚지 못했고, 매년 25만 호의 주택이 금융기관에 차압되어 경매처분 등의 절차를 밟았다.

미국 정부는 사회에 만연한 모기지 채무 불이행 사태와 신규 주택 건설 급감 등 주택시장의 사실상의 붕괴 상황에 대처하기 위해, 주택금융 시스템에 대한 근본적인 변화를 포함한 대대적인 개혁 작업을 추진하게 된다. 이후부터 1960년대에 걸쳐 새로 설치된 주택금융 관련 기구와 제도들은 자가 보유율을 다시 끌어올렸고, 적어도 2007년 버블 붕괴 전까지 40년 이상 세계에서 가장 정교하고 모범적인 주택금융 시스템으로 여겨졌다.

주요 주택금융 시스템 개혁 내용
:

미국 주택금융 시스템의 첫 번째 개혁은 1932년에 이루어졌다. 연방정부는 과거 우리의 주택은행과 유사한 '연방주택대출은행Federal Home Loan Bank'을 설치해 주택담보대출 재원의 공급여력을 대폭 늘려주었다.

2년 후인 1934년에는 '연방주택청FHA, Federal Housing Administration'을 설치해, 일정한 기준에 부합되는 대출기관의 모기지에 대해 원리금 적기 지급보증 기능을 수행하도록 했다. 이로써 대출금융기관은 대출자의 채무 불이행으로부터 보호받을 수 있게 되었다. 대출자가 원리금 상환에 실패하면 연방주택청이 대신 연체금액을 지불해주게 된 것이다.

정부의 이런 조치는 금융기관으로 하여금 주택가격 대비 대출 한도, 즉 LTV를 최대 93%까지 확대할 수 있도록 했다. 대출기간도 25~30년까지 장기화되었고, 대출금리도 인하되었다. 이는 곧 미국인들에게 주택 구입비용을 낮춰주는 효과를 가져왔다.

주택 구입 수요가 늘어나면서 신규 주택 건설이 크게 증가하는 등 주택산업도 활력을 되찾기 시작했다. 1937~1941년 신규 주택 건설 착공 물량이 매년 85% 이상 늘어났다.

연방주택청은 단순한 모기지 보증 기관에 머물지 않았다. 보증 대상을 제한함으로써, 즉 대출받은 주택이 적정 주택 건설 기준에 부합해야 한다는 등의 조건을 제시함으로써 보다 양질의 주택을 공급하는 데에도 기여했다.

1937년 미국 정부는 '연방주택저당공사FNMA, Federal National Mortgage Association'를 설치해, 연방주택청이 보증한 주택담보대출채권을 매입하는 기능을 수행하도록 했다. 이로써 대출기관은 장기 주택담보대출에 자금이 묶이는 문제가 해소되어 조기에 자금을 회수할 수 있게 되었다. 이렇게 늘어난 대출 여력은 추가적인 신규 주택담보대출로 이어졌다. 연방주택저당공사는 매입한 대출채권을 바탕으로 주택저당증권MBS, Mortgage Backed Securities을 발행해 필요한 자금을 조달했다.

연방주택저당공사의 출현은 미국 모기지시장에 큰 변화를 가져왔다. 그동안 대출기관과 대출자의 단순한 1차관계에 머물던 모기지시장이 저당공사의 모기지 매입과 이를 기초로 한 저당증권 발행 등 2차관계로 확대되면서, 자본시장과 주택금융시장이 긴밀한 관계를 맺게 된 것이다.

1968년 연방주택저당공사는 두 기구로 나뉘었다. 우선 정부기구 형태로 '정부주택저당공사Ginnie Mae, the Government National Mortgage Association'를 설립해, 과거 연방주택저당공사가 맡아온 공적인 업무를 수행하도록 했다. 이 지니매Ginnie Mae는 100% 정부가 지분을 보유하고 있는 기구로, 주택저당증권 투자자들에게 원금과 이자의 적기 지급을 보증함으로써 국내외 투자자들의 주택저당증권 투자 확대에 기여했다.

그리고 연방주택저당공사는 '패니매Fannie Mae'로 개칭해, 정부의 지원과 감독을 받는 민간기업GSE, Government Sponsored Enterprise으로 전환했다. 이후 패니매는 연방주택청이 보증한 주택담보대출채권뿐만 아니라 민간 보증회사가 보증한 대출채권, 더 나아가 일부 지급보증이 없는 대출채권도 추가로 매입했다.

1970년에는 공적 업무를 수행하는 민간기구 성격의 '연방주택담보대출공사Freddie Mac, the Federal Home Loan Mortgage Corporation'가 추가로 설치되어, 1차 주택담보대출기관의 대출채권을 매입해 증권화MBS함으로써 자금을 조달하는, 이른바 '2차 주택담보대출시장'의 활성화를 도모했다. 이 프레디맥Freddie Mac은 물론 연방주택청의 지급보증이 없는 일반적인 저축은행의 주택담보대출채권도 매입했다.

지니매, 패니매, 프레디맥은 2000년대 초반까지 2차 주택담보대출시장의 대부분을 차지했다. 이들은 1차 대출기관의 대출여력을 획기적으로 확대했을 뿐만 아니라, 그들의 대출채권을 보다 투명화·표준화하는 데 기여했다.

1990년대에 들어서면서 이들 2차 주택담보대출시장은 보다 복잡하고 정교해졌으며, 대부분의 1차 대출채권은 대출 즉시 2차 시장에 매각되었다. 2009년 기준으로 주택담보대출 규모는 11조 달러(약 1경 2,000조 원)로, 연방정부 전체 부채의 50%를 상회하는 수준으로 확장되었다.

저축금융기관과 서브프라임
:

1940년대와 1980년대, 1차 주택담보대출시장에서 지역 저축금융기관thrifts의 역할은 막대했다. 이들은 한국의 저축은행 또는 상호금융회사와 유사한 기관으로, 기본적으로 두 가지 기능을 수행했다. 특정 지역에 연고를 두고, 주민들에게 연방정부에서 100% 지급보증하는 저축상품을 판매해 자금을 모아서 주택 구입자에게 30년 고정금리부 대출상품을 제공한 것이다.

그러나 지역의 주택시장이 점점 확대되면서 이들이 감당할 수 있는 재원에 한계가 닥쳤다. 이에 따라 1970년대 들어 이들이 제공할 수 있는 저축상품의 금리 제한을 푸는 규제완화 조치가 잇달아 이루어졌다. 하지만 이는 이들 저축금융기관의 상황을 더 악화시켰다. 저축은행은 재원을 확보하기 위해 두 자릿수의 높은 예금금리를 보장해야 했고, 이를 재원으로 대출상품을 구성하는 데는 한계가 있었기 때문이다. 1975년 전체 1차 주택담보대출시장에서 56%였던 저축금융기관의 점유율은 1990년대에는 25%, 2000년 들어서는 10% 수준으로 급격히 하락했다.

1990년대 들어 주택담보대출시장에는 연방주택청이나 패니메 등이 정한 대출자격 요건에 부합하는 대출 외에, 높은 위험에 근거한 대출이 출현했다. 이른바 '서브프라임sub-prime'으로 분류되는 이 대출은 자산, 소득, 부채 등 일반적인 대출승인 기준을 충족하지 못하는 대출 수요자를 대상으로 높은 금리를 요구했다.

1990년대 중반까지 서브프라임은 주로 기존 담보대출의 재융자 수단으로 활용되었으나, 2000년대 들어 주택 구입을 위한 직접적인 자금 조달 수단으로 점차 바뀌었다. 2000년대 중반 주택가격이 급격히 상승하고, 이에 따라 주택 구입 수요가 늘어나자, 일정 기간 원금 상환 없이 이자만 지불하는 대출, 일정 기간(2년)이 경과하면 변동금리로 전환되는 대출 등 대출자의 초기부담을 낮추는 방향으로 다양한 대출상품이 등장했다.

2004~2006년 전체 1차 주택담보대출에서 이자만 지불하는 대출이 7%에서 26%까지 상승했다. 2000년대 중반 주

택 구입자의 약 25%가 서브프라임 형태로 주택 구입 자금을 조달했다.

규제완화와 경쟁 그리고 기술의 진보
:

서브프라임과 다양한 대체 주택담보대출상품의 출현, 그리고 이들의 시장점유율 확대는 정부의 규제완화 정책과 대출기관 간의 경쟁, 컴퓨터 프로그램에 바탕을 둔 금융 관련 기술 진보의 합작품이라고 할 수 있다.

이들 대출상품의 증가는 2차 주택담보대출시장에도 많은 변화를 가져왔다. 높은 수익률을 보장하는 민간 차원의 주택저당증권이 시장에서 인기가 높아졌다. 1990년대 9.4%에 불과하던 시장점유율이 2000년에는 22.1%, 2006년에는 56.0%로 급상승했다. 당연히 패니매, 프레디맥 등 정부지원기관GSE의 시장비중은 크게 줄어들었다.

또 미국의 주택저당증권은 미국 재무부가 발행하는 국채보다 높은 수익률을 추구하는 외국의 정부 보유 은행, 정부 기금 등 외국 투자자들에게도 인기가 높았다. 2006년 미국 전체 2차 주택담보대출시장에서 외국 투자자가 차지하는 비중은 30% 정도였다.

주택금융 시스템의 붕괴

:

2000년대 중반까지 미국의 주택금융 시스템은 구조적인 통일성을 추구하기보다는 매우 복잡하고 정교하게 디자인된 다양한 상품들로 구성되었다. 그런데 이런 금융 시스템은 '주택가격은 항상 상승한다'는 잘못된 가정 아래서만 성장할 수 있었다.

주택담보대출을 제공한 1차 대출기관, 평가기관, 투자자, 시장규율기관 모두 이런 환상 속에서 각종 제도를 운영하고 있었다. 사실 주택가격의 상승세가 지속될 경우 대출받은 사람은 실직 등으로 원리금 상환이 불가능해지더라도 주택을 시장에 팔아 담보대출을 전액 상환할 수 있었다.

그러나 2007년 주택가격이 하락하기 시작하자, 미국 주택금융시장은 급격히 냉각되었다. 1차적으로 서브프라임 관련 대출을 중심으로 채무 불이행과 금융기관의 차압이 급속히 증가했고, 이들과 연계된 주택저당증권에 투자한 투자자들은 자금을 회수할 수 없게 되었다.

2006년 이후 증가하기 시작한 주택담보대출 연체율은 2007년부터 급속히 늘어났다. 특히 전체 서브프라임의 15%가 30일 이상 연체되었고, 2008년에는 20%까지 증가했다.

2008년과 2009년을 거치면서 상황은 더욱 악화되었다. 1929년 대공황 이래 수십 년간 1% 초반에 머물던 대출기관

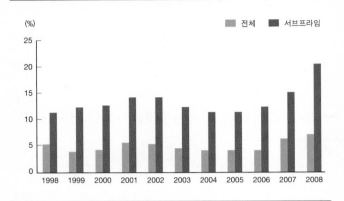

자료 : HUD.

의 주택 차압 비율이 2008년에는 6% 이상으로 늘어났다. 2007년에 120만여 주택에 대한 차압 절차가 개시되었는데, 2008년에는 200만 가구가 추가되었다.

2009년의 경우 담보대출을 받은 전체 주택 소유자의 30% 정도가 마이너스 자산을 가진, 이른바 '언더워터underwater' 상태에 있었다. 언더워터란 대출 잔액이 현재의 주택가치를 초과하는 경우를 가리키는 말로, 주택가격 대비 높은 대출 비율, 주택가격의 급격한 하락 등에 기인한다.

물론 이는 전국 평균치로, 그동안 주택가격이 급상승하고 투자적 수요가 몰렸던 캘리포니아, 네바다, 플로리다 등 이른바 '선벨트' 지역은 전체 주택 소유자의 50% 이상이 언더워터 상태에 처했다. 주택도시부의 통계에 따르면, 대도시를 중심으로 주택가격이 회복되고 있는 2013년 현재에도 1,000만 명 내외의 주택 소유자가 여전히 언더워터 상태에 있다고 한다.

주택금융 시스템 붕괴의 영향

주택가격 하락으로부터 촉발된 미국의 주택금융 시스템 붕괴는 주택시장 참여자 모두에게 혹독한 시련을 경험하게 했다. 1차 대출금융기관과 주택 소유자는 말할 것도 없고, 주택저당증권에 투자한 투자자와 보증기관, 주택저당증권을 발행한 기관 등 국내외의 수많은 개인, 기업, 기관, 정부에 엄청난 영향을 미쳤다.

리먼브라더스Lehman Brothers, 메릴린치Merrill Lynch 등 수많은 거대투자은행이 파산, 인수, 합병 형태로 시장에서 사라지거나 새로운 주인을 맞이했다. 주택저당증권의 가치 하락은 AIG 등 세계적인 보증·보험회사에도 수십억 달러의 손실을 안겼다.

패니매, 프레디맥 등 정부가 보증하는 기관도 서브프라임 매입 등으로 수조 달러에 달하는 막대한 손실을 입었는데, 이는 결국 국민들이 낸 세금으로 메워야 했다. 2008년 마침

내 미국 정부는 이 두 기관에 대한 대대적인 감사에 착수해 이들 기관을 감독할 '연방주택금융청FHFA, Federal Housing Finance Agency'을 설립했다. 또 패니매와 프레디맥의 CEO, 감사 등 주요 경영진은 정부에서 파견하고 있다.

미국은 전 세계에서 가장 규모가 크고 복잡한 주택금융 시스템을 보유하고 있다. 미국의 주택금융 규모는 유럽연합 국가들 전체를 합친 것보다 크고, 세계에서 두 번째로 큰 영국보다 여섯 배나 큰 시장이다. 1929년 대공황 이후 재건된 미국의 주택금융 시스템은 30년 장기, 고정금리부 대출을 통해 수많은 미국인에게 '내 집 마련'이라는 아메리칸 드림을 현실화시켜주었다. 적어도 1980년까지는 이런 주택금융 시스템이 다른 금융시장과 분리되어 운영되었고, 상대적으로 안정적이었다.

그러나 앞에서 살펴본 바와 같이, 1990년대와 2000년대에 주택금융시장에서 2차 주택담보대출시장의 규모와 역할이 커지면서 미국 국내의 다른 금융시장뿐만 아니라 국제금융시장과도 긴밀한 연관관계를 맺게 되었다. 또한 이 시기에 주택금융산업에 대한 각종 규제완화 조치가 앞다투어 이루어졌다.

이런 금융환경에서 부풀 대로 부풀었던 주택가격이 2007년 마침내 하락하기 시작했다. 주택가격의 하락은 대출자의 채무 불이행률 증가와 차압 주택의 급증 등을 통해 금융시장 전반에 엄청나게 부정적인 영향을 미쳤다.

주택 금융시스템의 현재와 미래

:

2007년 기존 주택금융 시스템의 붕괴에도 불구하고, 미국인들은 여전히 다른 어느 나라보다 선택의 폭이 넓은 모기지시장을 통해 주택 구입이나 임차 비용을 충당하고 있다. 예를 들어, 미국 사회에서 가장 일반적인 대출 형태는 여전히 대출기간이 길고(30년) 금리가 고정된 대출인데, 이는 한국을 포함한 대부분의 나라에서는 흔한 일이 아니다.

30년 장기, 고정금리부 대출의 유용성

① 30년 장기 모기지는 대출자가 매달 갚아야 하는 원금과 이자 부담을 획기적으로 줄여주었다.

② 고정금리부 대출은 이자율 변동의 위험을 대출자에서 대출기관과 투자자에게로 이동시킴으로써 대출자는 이자율 변동으로부터 자유로워졌다.

③ 정부기관의 원리금 지급보증 기능이 추가되면서 금리 인하의 효과도 낳았다.

··· 이를 통해 미국인들은 보다 저렴한 비용으로 주택을 구입할 수 있었다.

그러나 경제위기 이후에는 과거와 같이 손쉽게 주택담보대출을 받을 수 없게 되었다. 미국 정부가 대출 신청자의 소득과 신용도 등 채무 변제능력을 파악할 수 있는 요건에 보다 엄밀한 기준을 제시하는 등 주택담보대출 규제를 강화하고 있기 때문이다. 이에 따라 금융기관으로부터 주택담보대출 승인을 받기 위해 요구되는 개인의 신용점수credit scores도 점차 높아지고 있다.

한 가지 예로, 2010년에 설립된 소비자금융보호국Consumer Financial Protection Bureau은 '원금 상환 없이 이자만 납부하는 대출'과 '소득증명 서류가 없는 대출'을 금지하고 있다. 또 모기지 원리금 등 대출 상환액이 대출 신청자의 연소득에서 차지하는 비중이 50%(일종의 DTI)를 넘으면 모기지대출이 제한된

: 그림 16 : 주택담보대출 승인을 받기 위해 요구되는 평균 신용점수 추이

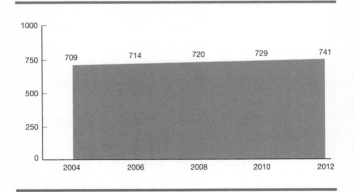

자료 : CoreLogic.

다. 이런 조치는 앞으로 더욱더 강화될 움직임이다. 그리고 대부분의 대출기관이 주택 구입시 최소 30% 이상의 계약금을 자기자금으로 확보할 것을 요구하고 있다.

이에 따라 도시 근로자나 자영업자는, 역사상 최저 수준의 모기지 금리에도 불구하고, 신규로 대출을 받아 주택을 구입하기가 과거보다 훨씬 어려워졌다고들 한다. 그래서 최근에는 의회 등을 중심으로 지나치게 엄격해지고 경직된 대출 규정을 일부 완화하고 탄력적으로 운영해야 한다는 목소리가 커지고 있으며, 이에 부응해 일부 보완책이 강구되고 있다.

이와 별개로 주택금융시장의 건전성 측면에서 보면 상황은 많이 개선된 것으로 보인다. 우선, 2006년 서브프라임 모기지가 전체 신규 모기지에서 차지하는 비율이 28.3%였으나 2012년에는 1.5%로 크게 줄어들었다. 모기지 연체율도 2005~2008년에는 7.5%였으나 2010~2013년에는 1.7%로 크게 감소했다. 또한 연방주택청 등 정부기관의 지급보증을 받은 신규 대출 비중도 2006년 4.9%에 불과했으나, 2012년에는 20.7%로 크게 늘어났다.

한편, 경제위기 이후 민간 자본이나 민간 보증시장이 사실상 붕괴되면서 정부가 보증하는 기관 등 공공부문의 역할이 크게 확대되었다. 예를 들어, 2011년의 경우 패니매와 프레디맥, 지니매의 지원에 의해 발행된 증권이 전체 주택저당

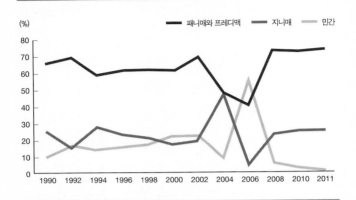

자료 : HUD; Ginnie Mae.

증권의 98%에 달했다. 2006년의 44%보다도 크게 증가한
수치다. 이런 현상은 1차 주택담보대출시장에서 고스란히
나타나고 있다. 민간기관의 보증을 받는 순수 민간 대출은
2010년 12%에 불과했고, 대부분(88%)은 연방주택청의 지급
보증을 받고 패니매나 프레디맥이 매입하기로 약정한 대출
이었다.

공공부문의 지나친 비중과 역할 확대를 우려하는 목소리
도 있다. 사실 지금의 주택금융위기를 초래한 장본인 중 하
나가 패니매와 프레디맥이기 때문이다. 따라서 민간부문이
다시 자리를 잡을 수 있도록 제도적 장치를 마련해 지원하
고, 패니매와 프레디맥은 공적인 보증기구public guarantor로 전

환하자는 제안이 설득력을 얻고 있다.

최근에는 상원의 몇몇 공화당 의원과 민주당 의원들을 중심으로 5년 안에 이 기구들의 성격을 전환하는 것을 주요 내용으로 하는 법안을 준비하고 있다는 언론보도도 있었다. 일부 과격한 전문가들 사이에서는 주택시장 상황을 봐가면서 이들 기구를 아예 청산하자는 주장도 제기되고 있다.

04

미국 주택정책을 읽는 키워드 2

주택세제

주택 취득, 보유, 매매에 따른 조세체계

:

미국에서 주택을 취득해 보유하고 일정 기간이 지난 후 매각했을 때 정부기관에 납부해야 하는 세금은 얼마나 될까? 주택에 대한 기본적인 세금부과 체계는 한국과 크게 다르지 않다.

먼저, 주택을 취득하면 취득가액(실거래가)의 2% 정도를 구입한 사람과 매각한 사람이 50%씩 부담해 납부한다. 주택을 구입한 사람이 '취득세'라는 이름으로 전액 부담하는 우리의 방식과는 좀 다르다고 할 수 있다. 이는 일종의 주택 거래세와 등기세를 합한 것으로 주세state tax에 해당한다.

주택을 보유하면 매년 재산세property tax를 두 번에 걸쳐 나누어 납부하게 된다. 재산세는 전형적인 지역세local tax로, 카운티county나 시의 주요 재정 수입원이다. 최근의 조사에 따르면, 상당수 카운티의 경우 전체 조성 재원에서 재산세가 차지하는 비중이 50%를 넘는다고 한다.

미국의 지역정부는 3년마다 조사를 통해 한국의 공시가격과 유사한 공정시장가격fair market price을 공시한다. 통상적으로 재산세는 그 공정시장가격의 1~2% 정도인데, 구체적인 세율과 납부방식은 각 지역정부, 즉 카운티나 시에 따라 조금씩 다르다.

주택을 보유하다 매각하면 발생한 양도차익에 대해 한국과 마찬가지로 양도소득세capital gains tax를 납부하게 되는데, 이는 연방세federal tax에 속한다. 뒤에 다시 설명하겠지만, 양도소득세에 대해서는 광범위한 세금 감면 및 면제 제도를 운용하고 있다.

직·간접적인 주택세제 지원 제도

:

미국 정부는 직접적인 재정 지원과 함께 이른바 '조세지출'을 통해 주택부문을 지원하고 있다. 여기서 조세지출이란 주택 관련 지출과 투자에 대한 각종 감면과 면제 등을 통해 지원하는 것을 말한다. 일반적으로 사람들은 정부의 직접적인 보조에는 관심을 많이 갖지만, 조세지출에 대해서는 상대적으로 관심이 적은 편이다. 그러나 실제 규모로 보면, 조세지출이 직접적인 보조보다 훨씬 크다. 예를 들어 2008년의 경우, 연방정부가 공공주택과 임차인에게 제공하는 주택 바우처 등 직접적인 보조에 402억 달러(약 45조 원)를 사용한 반면, 주택 소유자나 임대주택 건설업체, 채권이자 등에 대한 조세지출로 1,719억 달러(약 192조 원)를 지원했다.

그렇다면 이런 조세지출의 혜택은 주로 무주택 저소득 가구에 돌아갈까, 아니면 주택을 구입하거나 소유하고 있는 가구에 더 많이 돌아갈까? 2009 회계연도 연방정부의 주택 관련 조세지출 총 1,817억 달러(약 203조 원) 중 대부분(84%)인 1,512억 달러가 주택 구입자나 소유자에게 돌아갔다.

연방정부는 물론 임대주택 건설과 일정 요건에 부합되는 채권 투자에 대해서도 광범위한 조세지출을 통해 지원하고 있다. 예를 들어 정부가 정한 조건에 부합되는 임대주택을 민간이 건설할 경우, 연방정부는 10년간 투자자(건설업체)가

납부해야 할 소득세의 일정 비율을 감면해준다.

또 저소득 가구나 생애 최초로 주택을 구입하는 사람에게 장기 저리의 대출이자를 제공하기 위해 주정부나 지역정부 기관이 발행하는 채권의 투자자에 대해서도 이자수입을 세금에서 면제한다. 2009년의 경우, 이런 주택부문에 대한 투자에 총 295억 달러(약 33조 원)의 조세지출이 있었다. 이는 주택 소유자에 대한 전체 지원액의 5분의 1에 해당하는 금액이다.

자가 보유 촉진을 위한 세제 지원

:

미국의 자가 보유 촉진을 위한 세제 지원에 대해 좀 더 구체적으로 알아보자. 미국 정부는 다양한 조세 유인책을 통해 자가 구입을 촉진하고 있다.

우선, 주택담보대출을 받은 사람이 매달 지불하는 이자분에 대해서는 소득세를 산정할 때 소득에서 전액 공제해주고 있다. 연간 100만 달러(약 11억 원)까지 공제를 받을 수 있고, 현재 거주하고 있는 주택을 포함해 두 채까지 지원된다. 미국인들이 주택을 구입할 때 자기자금을 사용하기보다는 금융기관으로부터 최대한 많이 대출을 받으려고 하는 이유가 여기에 있다.

주택을 매각할 때 발생하는 양도차익에 대해서도 폭넓은 과세 제외 제도를 운영하고 있다. 양도 시점을 기준으로 최근 5년 내 24개월 이상 해당 주택에 거주했을 경우 일정 범위의 양도차익에 대해서는 과세하지 않는다. 이는 해당 주택이 소유자의 주된 거주지라는 의미이며, 보유 주택의 수와는 아무런 관련이 없다.

기혼인 주택 소유자는 50만 달러까지, 독신 가구 등에 대해서는 25만 달러까지 양도소득에서 제외한다. 예를 들어 결혼한 가구가 주택을 매각해 60만 달러의 양도차익이 발생했을 경우, 10만 달러에 대해서만 일정 세율의 양도소득세를 납부하면 된다.

또 24개월을 산정하는 데 있어서도 반드시 연속적으로 거주해야만 하는 것은 아니다. 물론 주택 소유자가 연속적으로 거주했을 경우 2년마다 이런 세제혜택을 볼 수 있다. 또 거주기간이 24개월 미만이더라도 직장 이동, 질병, 예기치 못한 환경 변화 등 불가피한 사유로 매각하는 경우에는 거주기간에 비례해서 양도차익에 대해 부분적으로 비과세하고 있다.

일반적으로 주택에 대한 양도소득세는 1년 미만의 단기 매각일 경우 10~35%, 1년 이상일 경우 최고 15%까지의 세율이 적용된다. 물론 한국과 마찬가지로, 양도차익을 산정할 때 주택 구입이나 매각과 관련해 발생한 부동산 중개 수

: 표 3 : 세제혜택을 통한 주택 소유자 지원 현황(2012년 기준)

구분	지원액(억 달러)	비중(%)
주택담보대출 이자에 대한 세금 감면	685	59.4
재산세 감면	245	21.2
양도차익에 대한 비과세	223	19.4

자료 : U.S. Government Printing office, 2012 Federal Housing Expenditures.

수료 등의 각종 비용과 보유에 따른 재산세, 주택 유지보수 비용 등은 제외된다.

그리고 주택 소유자가 주된 거주지로 활용하고 있는 주택에 대해서는 보유 중에 매년 부과되는 재산세를 감면해주는 제도도 운영하고 있다.

주택 소유자에 대한 조세지출 중 가장 큰 비중을 차지하는 것은 단연 주택담보대출 이자에 대한 세금 감면이다. 2009년에는 전체 조세지출 지원액 중 66.3%를 차지했으며, 버블 붕괴 이후 주택담보대출 규모가 상당히 줄어들었음에도 불구하고 2012년에도 여전히 60% 가까이 지원되었다.

투자 목적 부동산 양도 시 과세이연 제도

:

미국 정부는 주택 등 부동산에 투자된 자금이 계속해서 부동산에 투자될 수 있도록, 인센티브 차원에서 당장의 투자 이익에 대한 과세 시기를 뒤로 미루는 과세이연 교환 제도tax deferred exchange를 운영하고 있다. 이는 부동산 취득 목적이 거주가 아니라 임대 등 투자인 경우에 해당된다.

구체적으로는 동종의 유사 부동산을 매각가격과 같거나 그 이상을 투자해 취득하는 경우에 적용된다. 과세이연 제도의 혜택을 받기 위해서는 매각 후 일정 기간(통상 180일) 안에 조건에 부합되는 부동산 취득을 완료해야 한다. 이를 '1031항 원칙Section 1031 rules'이라고 하며, 이런 부동산 교환을 '1031 교환1031 exchange'이라고 한다.

예를 들어, 공동주택 한 동을 매각하고 180일 이내에 매각가격 이상으로 상업용 건물을 취득하면 과세이연의 혜택을 볼 수 있다. 그러나 상업용 건물 등 투자 목적의 부동산을 매각한 후 그 가격 이상으로 거주 목적의 주택을 매입하더라도 과세이연 혜택은 볼 수 없다.

┊ 표 4 ┊ '1031 교환'에 해당되는 경우와 그렇지 않은 경우

해당 여부	매각	매입(취득)
○	공동주택 1동	상업용 건물
○	주 거주주택(primary residence)	투자용 부동산
×	일단의 토지	아파트 건물
×	투자용 부동산	주 거주주택

세제 지원 제도의 평가와 과제

:

앞에서 살펴보았듯이, 주택 구입자나 소유자에 대한 미국 정부의 각종 세제 지원책은, 장기(30년) 고정금리부 모기지 대출과 함께 주택 구입을 촉진하는 데 주목적이 있다. 실제로 이런 금융·세제 지원책에 힘입어 미국인의 3분의 2가 자가를 보유하고 있다.

그러나 주택 구입자나 소유자에게 편향된 조세 지원 제도는 자가 구입 촉진이라는 순기능 이면에서 각종 부작용을 양산하고 있다는 비판이 제기되고 있다. 무엇보다 고소득자에게 보다 많은 혜택이 돌아가는 구조여서 소득계층간 불평등을 가속화하고 있으며, 동일 소득계층 내에서도 임차 가구보다 자가 보유 가구에 대한 지원 위주여서 수평적 불평등 또한 유발한다는 것이다.

그뿐만 아니라, 주택 소유자에게 편향된 조세지출은 적정한 규모와 가격의 주택보다는 교외지역의 대형 고가 주택에 대한 선호를 부추겨 자원의 비효율적인 배분을 초래했으며, 주거지의 외연적 확산sprawl을 유도해 에너지의 과소비를 낳았다는 비판도 면치 못하고 있다. 실제로 미국에서 주거용 건물의 에너지 사용량은 전체의 21%를 차지하며, 온실가스 배출도 차량보다 두 배 이상 많다고 한다.

또 주 거주 목적 주택의 양도차익에 대한 사실상의 비과세

국가	덴마크	프랑스	미국	캐나다	영국	벨기에	스페인
비율(%)	51	55	65	67	69	71	85

자료 : HUD.

정책은 필요 이상으로 빈번하게 주택을 팔고 사도록 유도함으로써 2000년대 버블을 촉진시켰다는 지적도 받고 있다.

심지어 별도 대출 없이도 주택을 구입할 수 있는 고소득층에게 모기지 이자 감면 등을 통한 조세 지원이 집중됨으로써, 정책당국이 의도한 자가 보유 비율은 실제로 크게 향상되지 못했다는 비판까지 일부 전문가들에 의해 제기되었다. 이런 지원 제도가 거의 없는 캐나다, 영국 등 몇몇 유럽연합 국가와 비교했을 때 미국의 자가 보유 비율이 결코 높지 않다는 것이다.

하지만 이러한 비판적인 여론에도 불구하고 주택 소유자에게 우호적인 조세 지원 제도 자체를 근본적으로 바꾸기에는 한계가 있을 듯하다. 미국 정부당국과 국민들에게 자가 보유 촉진 정책은 여전히 중요한 목표이자 관심사이기 때문이다. 다만, 의회를 중심으로 무주택 저소득 가구가 실제 지불 가능한 수준의 임대주택을 민간부문이 공급할 수 있도록 이를 촉진하는 조세 유인 제도가 강화되어야 한다는 목소리가 점차 힘을 얻고 있다.

미국 주택정책을 읽는 키워드 3

공공주택

공공주택 건설의 역사와 유형

:

한국과 마찬가지로 미국에서도 공공주택Public Housing 프로그램이 저소득 가구를 위한 주거 지원 수단으로 가장 널리 알려져 있다. 그만큼 역사가 길고 또 많은 논쟁거리를 제공해왔기 때문이다.

미국의 공공주택은 한국의 영구임대주택과 유사한 형태를 띠며, 원칙적으로 건물이 존재하는 한 민간에 매각되거나 다른 용도로 전환되지 않는다.

공공주택 프로그램은 대공황 후 뉴딜정책의 주요 수단으로 1937년 시작되었으며, 초기 공공주택 건설의 주목적은 도시 슬럼지역을 해소해 저소득층에게 주거공간을 제공하고 일자리를 창출하는 데 있었다.

공공주택을 건설하는 주체는 지방 공공주택기관PHAs, Public Housing Authorities이었는데, 필요한 건설 재원을 충당하기 위해 채권을 발행했다. 이들이 발행한 채권의 원금과 이자는 연방정부에서 전액 상환해주었다. 그리고 건설 후 운영비용은 임차인이 지불하는 임대료로 충당하는 구조였다.

본격적인 공공주택 건설은 제2차 세계대전이 마무리되고 1949년 전면 개정된 주택법에 근거해 이루어졌다. 연방정부는 6년간 총 81만 호의 공공주택을 새로 건설하겠다는 의욕적인 계획을 세웠다. 실제 건설은 목표에 못 미쳤지만, 공공주택 건설은 전후 주택시장 재건의 중요한 흐름 중 하나였다.

그러나 1990년대 이후 연방정부의 예산은 공공주택을 새로 짓는 데 사용되기보다는, 기존 공공주택의 개량과 재개발에 대부분 투입되었다.

그 결과 공공주택 전체 호수는 1994년 140만 호로 정점

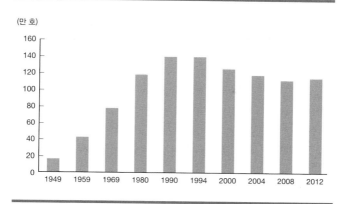

자료 : HUD, "Public & Indian Housing".

을 찍은 후 조금씩 줄어들기 시작했다. 2008년에는 최고치 대비 19%에 해당하는 27만 호가 줄어들었다. 2003년 하버드 대학의 연구결과에 따르면, 2003년 기준으로 전체 공공주택의 5%인 6만 3,000호만이 1985년 이후에 지어졌으며, 57%인 73만 9,000호는 준공된 지 30년 이상 된 노후 주택이었다. 그만큼 공공주택의 노후화가 심각한 수준임을 알 수 있다.

2008년을 기준으로, 미국에서 공공주택을 소유하고 운영하는 지방 공공주택기관은 총 3,149개인 것으로 파악되고 있다. 작게는 100호도 되지 않는 공공주택을 관리하는 기관부터 수십만 호를 관리하는 기관까지, 이들의 운영 규모는

: 표 6 : 지방 공공주택기관의 현황(2008년 기준)

공공주택기관당 관리 주택 수	기관 수	전체 기관 중 비중(%)	총 관리 호수	전체 호수 중 비중(%)
100호 미만	1,484	47.1	71,943	6.2
100~500호	1,300	41.3	287,655	24.8
501~1,000호	188	6.0	129,901	11.2
1,001~3,000호	131	4.2	215,640	18.6
3,001~7,500호	33	1.0	146,775	12.6
7,501~15,000호	9	0.3	95,238	8.2
15,000호 이상	3	0.1	213,759	18.4
전체	3,149	100	1,160,911	100

자료 : HUD, "Public & Indian Housing".

매우 다양하다. 그러나 상당수의 지방 공공주택기관은 매우 영세해서, 전체 공공주택기관의 절반이 전체 공공주택의 6%를 소유·운영하고 있다. 반면, 규모가 큰 12개의 공공주택기관이 각각 7,500호 이상의 주택을 운영한다. 특히 뉴욕시의 공공주택기관은 전체의 23%에 해당되는 17만 8,000호를 관리하고 있다.

그러면 미국의 공공주택은 어떤 모습일까? 한국의 공공임대주택은 엘리베이터 사용이 필수적인 고층 아파트 형태가 대부분이다. 그러나 미국은 엘리베이터가 필요한 고층 아파트 형태는 전체 공공주택의 30% 정도에 지나지 않는다. 저층의 타운하우스 형태가 23%, 계단으로 걸어서 다닐 수 있는 저층 아파트도 11% 정도 되며, 단독주택과 단독주택에 가까운 주택도 12% 정도 존재한다.

유형	단독주택	준 단독주택	타운 하우스	저층 아파트	고층 아파트	혼합형
호수 (천 호)	31	110	268	132	352	267
비중(%)	2.7	9.5	23.1	11.4	30.3	23.0

자료 : HUD, "Public & Indian Housing".

임차인 선정

：

미국 사회에서 공공주택은 가난한 사람들의 안식처 역할을 해왔다. 그러나 정부가 처음 공공주택 건설 계획을 발표했을 때, 민간 주택업계는 자신들의 시장을 잠식한다는 이유로 반대했다. 초기 공공주택 주창자들은 이들의 반대를 무마하기 위해 프로그램을 민간 주택시장과 경합되지 않도록 디자인하는 데 동의했다. 이는 곧 공공주택에 입주할 수 있는 가구는 민간 주택시장에서 주택을 구입할 능력이 없는, 소득이 일정 수준 이하인 가구에 한정됨을 의미한다.

초기 공공주택 관리자들은 임차인 선정에 엄격한 잣대를 적용했다. 소득 10분위 중 하위 3분위에 속하는 도시 공장 근로자들이 1차적인 입주 대상이었다. 즉, 현재 소득수준은 낮지만 자활능력이 있어 공공주택에 오랫동안 거주하지는 않을 것 같은 가구를 주요 대상으로 삼은 것이다. 또 부모가 함께 거주하는 가구로 제한했다.

그리고 주기적인 주거실태조사를 거쳐 주택을 제대로 관리하지 않는 입주민은 퇴거 조치했다. 물론 입주 후 가구 소득이 일정 수준 이상으로 향상되면 강제 퇴거 조치가 내려졌다.

제2차 세계대전 후 미국 정부가 강력히 추진한 자가 보유 촉진 정책에 힘입어 수백만 도시 공장근로자가 과거에는 생각도 못하던 '내 집'을 큰 초기부담 없이 가질 수 있게 되었다. 그 결과, 공공주택 거주 가구의 평균 소득은 1950년 전체 가구 중앙값의 57% 수준에서 1960년에는 41%로, 1990년대 중반에는 20% 이하로 떨어졌다. 이는 곧 공공주택 입주 가구의 경제 상황이 악화되어왔음을 의미한다.

한편, 사회 빈곤층이 공공주택으로 집중되면서 범죄, 약물 중독 등 여러 가지 심각한 사회문제가 동반되었다. 이에 대처하기 위해 1998년 의회 주도로 공공주택 개혁 작업이 이루어졌다. 핵심적인 내용은, 지방 공공주택기관이 입주자를 선정할 때 다양한 소득계층이 함께 거주할 수 있도록 일정 소득수준 이상의 가구도 포함시킬 수 있게 하는 것이었다. 즉, '사회통합Social-Mix'을 시도한 것이다.

구체적으로 임차인 선정 절차를 살펴보면, 우선 소득 조건에 부합되는 임차 희망가구가 지역 공공주택기관PHAs을 방문하여 입주 신청서를 제출하게 된다. 신청서에는 가구원들의 성명, 성별, 생년월일, 현재 거주지 주소, 재향군인 등 특이사항, 현재와 이전 거주지의 집주인 이름과 주소, 향후 12개월간 예상되는 소득과 소득원, 고용주와 거래 금융기관 정보 등을 기입한다. 신청서가 제출되면 공공주택기관의 직원이 현재 거주지를 방문하여 가족들과 인터뷰를 하게 되고, 동시에 현재 주택의 관리 실태를 점검하게 된다. 최종적으로 입주자로 선정되면 대기자 명부에 올라가게 되고, 향후 공가空家가 발생하면 공공주택에 입주하게 된다.

주택도시부의 자료에 따르면, 2009년의 경우 전체 공공주택 거주 가구의 3분의 1이 노인 가구, 43%가 장애인 가구였다. 인종적으로는 절반이 백인 가구, 45%가 흑인 가구로 구

：：**그림 19** ： **공공주택 거주자의 거주기간별 분포(2009년 기준)**

자료 : HUD, Public & Indian Housing

성되었다. 그리고 전체 가구의 29%가 적어도 10년 이상 공공주택에 장기 거주하고 있는 것으로 나타났다.

입지 그리고 주택의 품질

:

공공주택의 건설 입지는 전적으로 지방 공공주택기관에 맡겨졌다. 그러나 공공주택기관은 지역민들이 반대하는 장소는 공공주택 입지로 선정할 수 없는 한계가 있었다. 주민들이 환영하고 프로그램에 적극 참여하는 곳을 우선적으로 선정할 수밖에 없었다.

그 결과, 공공주택의 입지는 대부분 공장근로자들이 밀집되어 있는 대도시 지역으로 집중되었다. 2000년도의 통계를 보면, 전체 공공주택 가운데 65%가 대도시 지역에 위치해 있었다. 또 백인 중심 지역에는 그들의 강력한 반대 때문에 공공주택을 건설하기가 쉽지 않았으며, 설사 개발이 된다 하더라도 임차인은 저소득 백인 가구로 채워야만 했다.

초기에 지어진 공공주택은 겉보기에도 쉽게 구분할 수 있었다. 고층 아파트 형태든 저층의 타운하우스 형태든, 주변의 다른 주택에 비해 더 조밀하고, 주변 환경과도 어울리지 않는 경우가 많았다. 주택의 물리적인 상태도 대부분 다른 임차주택보다 좋지 않았다.

1940년대에 지어진 워싱턴(좌)과 시애틀(우)의 공공주택. (사진 제공 : HUD)

왜 공공주택의 디자인과 물리적인 상태는 이렇듯 열악할 수밖에 없었을까? 상당부분은 정부의 재정 지원 축소에 기인한다고 볼 수 있다. 즉, 건설 단가를 민간부문보다 훨씬 낮게 책정함으로써 꼭 필요한 시설만 갖출 수 있도록 한 것이다. 따라서 주택의 외관이나 주변 환경과의 조화 등은 신경을 쓸 수가 없었던 것이다.

운영경비 보조
:

앞서 살펴본 바와 같이, 공공주택 유지보수와 기타 운영경비는 1차적으로 임차인이 지불하는 임대료로 충당하도록 되어 있었다. 이런 경비 조달 구조가 적어도 1960년대까지는 유지되었다.

그러나 시간이 지나면서 인플레이션과 공공주택의 노후화로 인해 운영경비가 지속적으로 상승한 반면, 입주민들의 소득수준은 갈수록 악화되었다. 공공주택기관은 운영경비 확보를 위해 임대료를 인상할 수밖에 없었고, 임차인들은 소득의 40% 이상을 임대료로 지불해야 했다. 이로 인해 입주민들의 생활은 더욱더 어려워졌다. 더 이상 임차인의 임대료로 운영경비를 충당할 수 없는 상태에 도달한 것이다.

1960년대 후반부터 정부와 의회는 이런 문제의 심각성을 인식하고 임대료를 임차인 소득의 25%까지로 제한했다. 임대료 인상을 제한하는 대신 운영경비의 부족분은 정부 재정에서 보조금 형태로 지원하기 시작한 것이다.

이렇게 시작된 연방정부의 공공주택 운영경비 보조는 이후 기하급수적으로 늘어났다. 1969년에 1,500만 달러(약 168억 원)였던 보조금액이, 1979년에는 7억 3,000만 달러, 1993년에는 25억 달러, 2003년에는 35억 달러, 그리고 2008년에는 45억 달러(약 5조 원)로 급증했다.

주택 노후화와 정부의 재정 지원

:

시간의 흐름과 함께 공공주택의 노후화가 급속히 진행됨에 따라 각종 시설에 대한 교체와 개량 수요가 증가했다. 시간이 지나면서 자연스럽게 노후화된 면도 있지만, 수십 년간 불충분한 운영경비 때문에 제때 유지보수하지 못한 탓이 컸다.

1937년에 제정된 초기 법에서는 공공주택기관으로 하여금 장래 발생할 유지보수비용을 확보하기 위해 매년 의무적으로 충당금을 적립하도록 했다. 그러나 1950년대에 의회가 채권 발행에 대한 원리금 상환을 중단하면서 이를 건설 재원으로 활용하도록 했다. 이는 곧 시설 교체와 개량을 위해 적립해놓은 충당금이 더 이상 존재하지 않음을 의미한다.

공공주택이 처음 건설된 지 30년이 지난 1968년이 되어서야 연방정부는 공공주택의 시설 개량을 위한 자금을 지원하기 시작했다. 하지만 초기 10년간은 지방 공공주택기관의 수요를 고려하지 않은 채 연방정부에서 일방적으로 시설개량사업을 추진했다. 예를 들어, 그 해에는 지붕 개량, 다음 해에는 난방배관 개량 식으로 사업예산이 연방정부 차원에서 일괄 배정되었다.

각 공공주택 단지의 특성이나 노후도 등을 종합적으로 고려하지 않은 이런 사업방식은 곧 사업의 효율성에 대한 비판에 직면했다. 이에 따라 연방정부는 종합적인 개량 지원 프로그램을 구축하고, 1980년부터 지방 공공주택기관으로 하여금 단지별로 개량사업의 우선순위를 정하도록 했다.

그러나 연방정부의 지원 예산은 수요에 미치지 못했다. 더구나 시간이 가면서 정부의 지원 규모는 점차 줄어들었다.

1990~2000년에는 연평균 36억 달러(약 4조 원)가 지원되었으나, 2000년대에는 연평균 28억 달러로 줄어들었다. 한 조사기관에 따르면, 연평균 25억 달러가 지원되면 전체 공공주택의 시설을 적정 수준으로 개량하고 현대화하는 데 58년이 걸리고, 35억 달러가 지원되면 16년이 걸린다고 한다. 그만큼 현재 공공주택의 노후화 상태에 비해 자금 지원이 턱없이 부족하다는 의미다.

공공주택의 현대화

:

여러 가지 문제점에도 불구하고 현재 대부분의 공공주택은 물리적으로 양호한 수준을 유지하고 있으며, 입주민들의 주거 만족도도 낮지 않은 것으로 나타나고 있다. 이는 1990년대부터 본격적으로 진행된 공공주택의 현대화사업 덕분이라고 할 수 있다.

대부분의 재개발사업은 연방정부 주택도시부의 HOPE VI Housing Opportunities for People Everywhere VI 프로그램을 통해 이루어졌다. 노후화 정도가 심한 공공주택은 시설 개량보다는 철거한 후 다양한 소득계층이 함께 거주할 수 있는 새로운 주거공간으로 재건축했다.

HOPE VI 사업의 시발은 보스턴의 '컬럼비아 포인트 주택 프로젝트'였다. 1954년에 지어진 1,500가구의 아파트 건물은 노후화가 급속히 진행되어 사람이 사는 것 자체가 불안해 보일 정도였다. 1980년에는 대부분의 거주자가 이주하고 300가구만 이 아파트에 살고 있었다.

보스턴 시당국은 민간 개발업체에게 기존 아파트의 전면 철거와 함께 새로운 주택 건설을 맡겼다. 1990년 5년간의 계획과 공사 끝에 이곳은 '뉴 하버 포인트 아파트먼트'로 거듭났다. 다양한 소득계층이 어울려 사는 복합적인 주거공간으로 새롭게 태어난 것이다.

1993~2007년 주택도시부의 HOPE VI 프로그램을 통해 노후화가 심한 15만 호의 공공주택이 철거되었으며, 34개 주 247개 재개발사업에 총 61억 달러(약 6조 7,000억 원)가 투자되었다. 새로 건설되는 주택은 건설 단가가 종전의 공공주택보다 높게 책정되었으며, 디자인을 차별화하고 식기세척기·세탁기·중앙집중식 냉방장치 등 각종 편의시설을 설치했다.

HOPE VI 프로그램이 기존의 노후화되고 주변 환경과 어울리지 않는 공공주택의 시설 수준과 디자인을 획기적으로 개선시킨 점은 누구나 긍정적으로 평가한다. 하지만 HOPE VI 프로그램이 종전의 공공주택에 거주해온 모든 임차인의 삶의 수준까지 향상시킨 것은 아니다.

대규모 공공주택 단지가 여러 개의 소규모 단지로 나뉘어

재개발 전(위)과 후(아래) 샌프란시스코의 공공주택 모습. (사진 제공 : HUD)

개발되고 다양한 소득계층을 수용하면서, 재개발 후 실제 입주할 수 있는 주택 수가 줄어들었다. 이에 따라 종전의 임차인은 세 가지 대안에 따라 운명이 결정되었다. 우선, 일정한 자격심사를 통과한 가구는 새로 개발된 공공주택에 입주할 수 있었다. 가장 운이 좋은 경우라고 하겠다. 하지만 새

공공주택 입주에 실패한 경우에는 주택 바우처를 사용해 민간 주택시장에서 임대주택을 구하거나, 공가空家가 있는 다른 지역의 공공주택으로 이주해야 했다.

이런 시설 측면의 재개발사업과 더불어, 1990년대 클린턴 행정부가 들어서면서 강력한 '원스트라이크 퇴거' 정책이 시행되었다. 공공주택 거주자가 성범죄, 약물중독, 기타 약물과 연관된 범죄 등에 연루되었을 경우 단 한 번의 용서도 없이 공공주택에서 추방시키는 제도다.

HOPE VI 프로그램과 원스트라이크 정책 등에 힘입어, 공공주택의 시설이 개선되었을 뿐만 아니라 빈곤층의 집중화 현상이 상당부분 완화되었으며, 범죄와 약물중독 등 사회적 병리현상도 많이 개선되었다. 최근의 조사결과에 따르면, 전체 공공주택의 85%가 주택도시부가 정한 적정 시설 기준을 충족시키고 있으며, 소득 최하위 계층에 해당되는 극빈 가구의 비율도 1995년 43%에서 2008년에는 26%로 줄어들었다.

미국 공공주택의 미래와
우리에게 주는 시사점
:
수준 이하의 주택 품질, 부적절한 디자인, 시설 개량과 운영경비 지원 부족, 빈곤층의 집중화 등 많은 문제에도 불구하고 공공주택은 미국 사회에서 1937년 이래 가장 오랫동안 지속돼온 저소득 가구를 위한 주거 보조 프로그램이다. 그리고 앞에서 살펴본 많은 문제가 1990년대 이후 현대화사업을 통해 상당부분 개선되었다.

일부에서는 미국의 공공주택 프로그램은 효율성이 떨어지는 '실패한 사업'이라고 치부한다. 이런 공급 위주의 주거 보조 프로그램은 주택 바우처와 같은 수요 위주의 지원방식으로 전환되어야 한다고 주장한다.

그러나 적어도 자기 집이 없는 도시 저소득 가구에게 공공주택만큼 확실한 안식처는 없다. 공공이 소유하고 운영함으로써 장기간 안정적인 주거공간을 제공할 수 있기 때문이다.

미국 사회에서 공공주택 프로그램이 역사 속으로 사라지는 일은 없을 것으로 보인다. 오히려 진화를 거듭해, 이제는 물리적 시설 개선을 넘어 임차인이 주인의식을 가지고 보다 적극적으로 공공주택의 관리와 운영에 참여하도록 유도하는 소프트웨어 측면에서의 개선이 이루어지고 있다.

뉴욕이나 시카고 등 규모가 큰 지방 공공주택기관은 주요 의사결정 과정에 입주민이 적극적으로 참여하도록 유도한다. 예를 들어, 내년도 운영예산을 어디에 사용할 것인지를 주민투표를 통해 임차인이 직접 결정한다. 과거에 '주인이 없는' 공공주택이 여러 가지 문제를 발생시켰다면, 입주민이

'실제 주인이 되는' 공공주택의 미래는 분명 밝다고 하겠다.

한국의 공공주택은 미국과는 분명 단계가 다르다. 지금 우리에게는 공공임대주택의 절대적인 수 확보가 더 큰 정책 이슈인지도 모른다. 그러나 우리도 과거에 지어진 영구임대주택의 노후화가 본격적으로 진행되고 있고, 입주민들의 사회적 병리현상 또한 해결하기 어려운 과제 중 하나다.

따라서 신규 공공임대주택 확보와 더불어, 기존 주택의 현대화와 입주민의 자활능력 제고 등에도 보다 많은 정책적 고려가 이루어져야 할 것이다.

미국 주택정책을 읽는 키워드 4

임대주택 건설에 대한
세액 공제

적용 원리

:

'연방조세법Internal Revenue Code'에 의한 세제상의 인센티브는,
현재 미국 정부가 저소득 가구가 입주할 수 있는 임대주택
공급 확충을 위해 시행하고 있는 가장 큰 보조 프로그램 중
하나다. 1986년 연방조세법 개정으로 도입된 '저소득 가구

임대주택 건설에 대한 세액 공제 제도LIHTC, Low-Income Housing Tax Credit'는 저소득층을 위한 임대주택 건설 투자에 세제상 많은 인센티브를 제공하고 있다.

2006년까지 160만 호 이상의 주택이 이런 세액 공제 제도를 통해 건설되었다. 이는 이 기간 중에 지어진 전체 공동주택의 6분의 1에 해당하는 수치다.

저소득 가구 임대주택 세액 공제 제도는 임대주택 건설 투자자들이 연방정부에 납부해야 되는 각종 소득세를 줄여준다. 이 혜택은 10년간 투자자들에게 제공되는데, 이에 대한 반대급부로 투자자들은 전체 개발 주택의 20% 이상을 대도시 평균 가구 소득의 50% 이하인 저소득 가구에 배정하거나, 40% 이상을 대도시 평균 가구 소득의 60% 이하 가구에 배정해야 한다. 그리고 해당 주택을 15년 이상 저소득 가구를 위한 임대주택으로 유지해야 한다.

세액 공제 규모는 토지 취득과 마케팅 비용을 제외한 전체 개발비용, 주택 개발 지역의 입지, 전체 가구에서 저소득 가구가 차지하는 비중 등에 의해 결정된다. 연간 세액 공제를 받을 수 있는 최대 금액은 개발비의 9%다. 다만 주택을 건설하는 지역이, 지가가 소득수준에 비해 월등히 높은 대도시거나 저소득 가구가 밀집돼 있어 재개발이 필요한 곳일 경우에는 최대 30%까지 추가 인센티브를 받을 수 있다.

한편, 주택 개발업체가 저소득 가구에 부과하는 임대료는 가구 소득의 30%를 초과할 수 없도록 되어 있다.

그렇다면, 구체적인 실례를 들어 세액 공제 규모를 산출해보자. A라는 주택 개발업체가 저소득 가구 밀집 지역에서 토지를 매입해 주택사업을 한다고 가정하자. 업체는 총 1,000만 달러를 주택 개발에 투자했는데, 이중 토지 매입과 마케팅 비용으로 160만 달러를 사용했다. 그리고 개발된 주택의 100%를 대도시 지역 평균 소득 60% 이하의 저소득 가구에 배정했다.

이 경우 세액 공제액을 산정할 때 적용되는 개발비용은 840만 달러지만, 개발 지역이 저소득 가구 밀집 지역이므로 추가 인센티브로 30%를 받게 된다. 따라서 총 개발비용은 840만 달러에 30%를 더한 1,092만 달러가 된다. 결국 개발업체가 받는 연간 세액 공제 규모는, 연방조세법에 의해 전체 개발비용의 9%, 즉 98만 2,800달러다. 10년간 총 982만 8,000달러의 세액 공제를 받게 되는 것이다.

세액 공제의 활용

:

대부분의 주택 개발업체는 임대주택 개발로 얻게 되는 이런 세액 공제 혜택을 직접 사용하지 않는다. 민간 투자자, 주로 금융기관 등의 대규모 투자기관에게 정부로부터 받게 되는 장래 세액 공제액을 팔고, 이를 통해 자금을 확보해서 토지를 매입하고 주택을 건설하는 등 개발비용을 충당한다. 주택 개발은 초기에 많은 자금을 투입해야 하기 때문이다.

엄밀히 말하면, 주택 개발자들은 개발에 따른 이익 전체를 외부의 투자자들에게 판다. 외부 투자자들은 이를 통해 세액 공제를 받고, 주택의 감가상각에 따른 세제혜택을 누리고, 운영 과정에서 현금을 챙기고, 장래 주택의 매각에 따른 자본이득도 가져갈 수 있다.

그러나 세액 공제를 통해 전체 개발비용을 충당하기에는 한계가 있다. 그래서 대부분의 개발업체는 또 다른 수단을 강구한다. 추가적인 재원 확보를 위한 중요한 수단은 주정부나 지방정부를 통해 제공되는데, 때에 따라서는 정액교부금block grants과 주택신탁기금housing trust funds이 활용된다. 이들 자금은 시장금리보다 훨씬 낮은 수준의 금리로 조달된다. 한 조사결과에 따르면, 3분의 2는 시장금리 이하로, 23%는 무이자로 조달된다고 한다.

세액 공제 주택의 특징
:

앞에서도 언급했듯이, '저소득 가구 임대주택 건설에 대한 세액 공제 제도'를 통해 2006년까지 총 2만 9,000여 곳의 주택 개발지에서 160만 호의 저소득 가구를 위한 임대주택이 새로 확보되었다. 개발 주체를 보자. 연방정부는 주정부의 주택 관련 기구들에 대해 세액 공제의 적어도 10%를 비영리기구에 할당하도록 규정하고 있다. 실제로는 어떨까? 비영리기구들은 연방정부의 가이드라인보다 두 배나 많은 21%의 주택을 공급했다.

세액 공제 임대주택은 대도시, 교외지역, 그리고 소규모 도시 등에 산재해 있다. 전체 주택의 51%는 대도시에 집중되어 있으며, 35%는 대도시 외곽 교외지역에 분포되었다. 이는 대도시 지역에 상대적으로 저소득 가구가 밀집돼 있어 임대주택에 대한 수요가 많기 때문일 것이다.

한편, 전체 주택의 3분의 2는 신규 개발지에서 건설되었으며, 3분의 1은 기존 주거지에서 재개발 형태로 건설되었다.

세액 공제 주택의 주요 이슈와 남은 과제들
:

저소득 가구를 위한 임대주택을 확보하는 수단으로서 세액 공제 제도는 많은 장점을 가지고 있다. 연방정부 차원의 직접적인 공공주택 건설보다는 민간 투자자를 활용해 지역 주민의 수요에 맞게 탄력적으로 운용할 수 있고, 제도 운영 과정에서 발생하는 공공기관의 부패문제 등에서도 자유로울

수 있다.

그러나 세액 공제 제도도 몇 가지 한계를 안고 있다. 우선, 제도의 복잡성과 비효율성을 지적하는 전문가가 많다. 프로젝트별로 적용되는 세액 공제 산식과 규모가 각기 다르고, 세액 공제를 받기 위해 정부기관에 제출해야 하는 문서가 복잡하며, 각종 규제가 뒤따른다는 것이다. 또 세액 공제를 통해 지원되는 규모와 산출되는 주택 수를 비교했을 때 효율성이 그리 높지 않다는 지적도 있다.

둘째, 제도의 영속성에 한계가 있을 수 있다. 10년간 세액 공제를 받는 반면, 임대 의무 기간은 15년이어서 5년간의 공백이 발생한다. 즉, 그 5년 동안은 건물 유지보수비용 등을 확보하는 데 어려움을 겪을 수 있다. 또 주택업체는 임대 의무 기간이 지나면 이론적으로 소득수준에 관계없이 임차인을 선정할 수 있고, 임대료도 시장 상황에 맞게 부과할 수 있다. 그러면 임대주택에 살고 있는 저소득 임차 가구의 운명은 어떻게 될까? 이런 한계를 극복하기 위해 1989~1990년 미국 의회는 추가적인 세액 공제 인센티브를 주는 대가로 임대 의무 기간을 15년 더 연장했다.

셋째, 세액 공제 제도로 인해 다양한 소득계층이 함께 어울려 사는 '사회통합'에 실패했다는 지적이 나오고 있다. 주택 개발업체가 받을 수 있는 세액 공제 규모가 저소득 가구의 입주 비율에 연계되다 보니, 대부분의 경우 세액 공제를 더 많이 받기 위해 100% 저소득 가구를 입주시킨 것이다. 실제 한 조사결과에 따르면, 전체 세액 공제 프로젝트의 80%가 100% 저소득 가구를 입주시킨 것으로 나타났다.

마지막으로, 경제위기 이후 2008~2009년 세액 공제 프로그램은 더욱더 한계를 드러내고 있다. 주택업체는 그들이 장래 받게 될 세액 공제를 주로 은행 등 대규모 민간 투자자들에게 매각해 프로젝트 비용을 먼저 조달해왔는데, 경제위기 이후 주택 투자기관들이 막대한 모기지 관련 손실을 입어 투자여력이 없어졌다. 즉, 이전의 메커니즘이 현실적으로 작동하기 어렵게 된 것이다. 이로 인해 주택업체는 정부 등 공공기관으로부터 추가적인 보조를 받거나, 임차인에게 보다 높은 임대료를 부과해 자금을 조달할 수밖에 없는 상황에 처한 것이다.

미국 의회는 이런 여러 가지 문제로 인해 중단 위기에 놓인 세액 공제 제도가 다시 작동할 수 있도록 여러 가지 입법 조치를 강구하고 있다. 대표적으로, 2009년 2월 제정된 '미국 회복 및 재투자법ARRA, American Recovery and Reinvestment Act'(일명 '미국 경기부양법')을 통해 세액 공제를 받는 주택에 대해서 한시적으로 세액 공제 대신 현금을 직접 지불하고, 연방정부의 지방정부에 대한 보조금을 확대해 현재 추진 중인 사업과 사실상 착공 단계에 있는 사업의 원활한 진행을 지원하고 있다.

미국 주택정책을 읽는 키워드 5

주택 바우처

도입 배경과 성장 과정

:

현재 미국 정부가 무주택 저소득 가구를 위한 주거 보조 및 지원 수단으로 가장 폭넓게 활용하고 있는 것은, 우리가 흔히 생각하는 공공임대주택 건설을 통한 직접적인 주택 공급이 아니라, 바로 '주택 바우처Rental Vouchers' 제도다.

지방 공공주택기관PHAs에서 건설하는 공공주택이나 민간이 정부의 지원을 받아 건설하는 임대주택은 특정한 장소에 주택을 건설하는 사업인 데 비해, 바우처는 수급 대상자인 무주택 저소득 가구가 이미 시장에 나와 있는 주택에 임차 바우처를 사용해 입주할 수 있도록 지원하는 제도다.

일반적으로 바우처는 공공주택 프로그램과 같은 특정 사업에 대한 지원책에 비해, 보다 적은 예산으로 무주택 저소득 가구가 다양한 주택과 지역에 접근할 수 있게 해준다고 인식되고 있다. 그만큼 비용 대비 효율성이 높고, 대상자가 선택할 수 있는 폭이 넓다는 것이다. 연방정부 내 한 회계부서의 분석에 따르면, 가구당 소요되는 비용(예산)이 바우처가 공공주택 건설보다 27% 저렴한 것으로 나타났다.

그러나 임차인이 바우처를 가지고 있다고 해서 원하는 주택에 항상 입주할 수 있는 것은 아니다. 바우처를 성공적으로 사용하기 위해서는 적어도 다음 세 가지 요건이 모두 충족되어야 한다.

우선, 바우처 프로그램이 제시하는 임대료 상한을 넘지 않는 주택(주로 아파트)이 확보되어야 한다. 다음으로는 해당 주택이 정부가 요구하는 물리적 시설 요건에 부합해야 한다. 마지막으로, 무엇보다도 집주인이 바우처 프로그램에 적극 참여할 의사가 있어야 한다. 집주인이 바우처를 임대료 보조 지급 수단으로 인정하지 않는다면 바우처는 사용할 수 없게 된다.

미국 사회에서 주택 바우처가 처음 사용된 것은 언제일까? 1937년 공공주택법이 제정된 이래, 정부와 의회를 중심으로 저소득 임차 가구의 주거 안정 수단으로 바우처 제도를 도입하자는 주장이 줄기차게 제기되고 논의되어왔다. 하지만 실제 미국 정부의 주거 지원 프로그램의 일환으로 바우처가 채택되어 도입된 것은 1970년대에 들어와서다. 그만큼 제도 도입에 따른 예산 확보와 전달체계 문제에 대한 검증 작업이 오랫동안 진행된 것이다.

1974년 '주택 및 지역 개발법'은 처음으로 연방정부 차원에서 '기존 주택 주거 보조 프로그램Section 8'이라는 명칭으로 주택 바우처 제도를 정식 도입했다.

초기의 주택 바우처는 해당 지역 소득 중앙값의 80% 이하 저소득 가구에게, 월 가구 소득의 25%와 '공정시장임대료FMR, Fair Market Rent'의 차액을 지급했다. 예를 들어, 공정시장임대료가 1,000달러이고 월 가구 소득이 3,200달러인 경우, 소득의 25%인 800달러와 1,000달러의 차액인 200달러가 바우처로 지급되었다. 1983년에는 바우처 지급 기준이 가구 소득의 25%에서 30%로 변경되어, 실제 지급액이 다소 축소되었다.

공정시장임대료는 매년 2,600개 지역 주택시장을 대상으로 조사되어 일반인에게 공시되며, 최근에 임대된 아파트의

시장임대료 중앙값으로 결정된다. 그런데 공정시장임대료 산정 기준은 시기적으로 다소 변화가 있었다. 1984년에는 시장임대료의 45%, 1995년에는 40%로 인하했다가, 2001년 임대료가 상대적으로 비싼 39개 지역에 대해서는 50%로 다시 올렸다.

공정시장임대료는 지역별로 주택시장의 상황에 따라 큰 차이가 있었다. 2009년을 예로 들면, 50개 주 대도시 지역의 방 두 개짜리 아파트의 경우, 최저 512달러(약 57만 원)부터 1,702달러(약 190만 원)까지 매우 다양했으며, 전체의 38%가 월 650달러 이하였다

1998년에는 '주택 선택 바우처 프로그램Housing Choice Voucher

:그림 20: 대도시 지역의 공정시장임대료 분포(2009년 기준)

자료 : HUD, "Public & Indian Housing".

program'으로 명칭이 바뀌었는데 내용에도 많은 변화가 있었다. 즉, 바우처 수급자가 원하는 경우 40%를 넘지 않는 범위 내에서 소득의 30% 이상을 임대료로 지급하는 것이 허용되었으며, 미국 어디에서나 바우처를 사용할 수 있게 되었다. 예를 들어, 시카고에서 바우처를 받았다 하더라도 뉴욕 등 다른 지역에서도 사용할 수 있게 된 것이다.

1974년 제도가 도입된 이후 주택 바우처 프로그램은 저소득 임차 가구의 주거 지원 수단으로 급속하게 확대되었다. 주택도시부의 통계에 따르면, 1976년에 약 10만 명 남짓이 었던 수급자가 1980년에는 62만 5,000명으로 확대되었으며, 2009년에는 150만 명 이상으로 크게 늘어났다.

∶ **그림 21** ∶ **주택 바우처 수급 가구 추이**

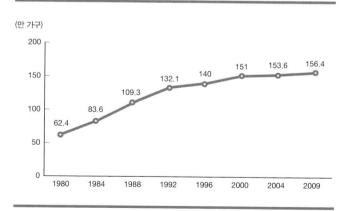

(만 가구)

자료 : HUD, "Public & Indian Housing".

이에 따라 연방정부의 저소득 가구를 위한 주거 보조 프로그램에서 바우처가 차지하는 비중도 증가하고 있다. 1993년 주택도시부로부터 주거 보조를 받는 전체 가구 중 34%가 바우처 수급자였으나, 2008년에는 42%로 늘어났다. 1990년대 초반부터 공공주택과 개별 프로젝트에 근거한 주거 보조 프로그램의 수혜자는 계속해서 감소하고 있는 반면, 바우처 수급자는 지속적으로 증가하고 있다.

이런 현상은 최근 주택도시부의 바우처와 공공주택에 대한 연간 예산액 규모에서도 여실히 드러난다. 아래 그림을 보면, 2012년의 경우 바우처 예산액이 공공주택보다 네 배 이상 많음을 알 수 있다.

: 그림 22 : 주택도시부의 바우처와 공공주택 예산액 비교

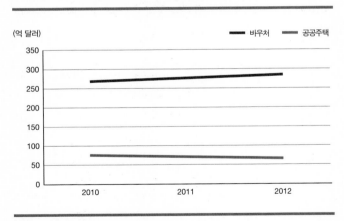

자료 : HUD, "Public & Indian Housing".

바우처는 실제로 유용하게 작동하는가

:

주택 바우처가 저소득 가구의 주거 지원 프로그램으로 실질
적인 유용성을 확보하기 위해서는, 수급자가 바우처를 사용
해서 자기가 원하는 임대주택을 어려움 없이 구할 수 있어
야 한다.

1974년 제도 도입 후 1990년대 중반까지 수급자가 바우
처를 활용해 임대주택을 구하는 데 성공한 확률은 점차 증
가해왔다. 1979년에는 절반에도 못 미쳤지만, 1980년대 중
반에는 68%, 1993년에는 81%까지 상승했다. 그러나 최근
의 한 연구결과에 따르면, 2000년에 들어서 다시 69% 수준
으로 떨어진 것으로 나타났다. 이는 미국 주요 도시의 주택
수급 상황 변화와 깊은 상관관계가 있다. 즉, 주택임대시장
에서 임차인을 구하기 위해 비어지는 주택, 즉 '공실 주택'의
비율이 낮아졌기 때문이다. 그만큼 바우처 수급자가 원하는
주택을 찾기 어려워진 것이다.

실제 과거 자료를 통해 시뮬레이션해보면, 공실 주택이 상
대적으로 많은 경우(7~10%) 바우처 수급자의 성공 확률은
80%였으나, 공실 주택이 거의 없는 경우(2% 미만)의 성공 확
률은 61%에 지나지 않았다.

바우처 수급자의 성공 확률을 좀 더 구체적으로 살펴보자.
백인이나 흑인 등 인종간에는 차이가 없으며, 남자와 여자

도 유의할 만한 차이가 없는 것으로 나타났다. 다만, 가구원 수가 많거나(5명 이상) 노인 가구의 경우에는 가구원이 적거나 젊은 가구보다 성공 확률이 상대적으로 낮았다.

그렇다면 바우처를 받은 사람들은 실제로 바우처를 사용해 다른 주택으로 이사를 가고 있을까? 조사결과에 따르면, 대부분(72%)은 바우처를 사용하기 위해 새로운 주택으로 이사한 반면, 21%는 기존에 살던 주택에 계속 거주하고 있는 것으로 나타났다.

또한 1998년부터는 미국 전역에서 바우처를 사용할 수 있게 되었지만, 실제로는 전체 바우처 수급자의 5% 정도만 살던 지역을 벗어나 새로운 지역으로 이사했다고 한다. 이는 주거지가 일자리는 물론 아이들의 학교와 깊이 연계되어 있어, 낯선 곳으로 이사 가기가 쉽지 않음을 보여준다.

바우처 수급자의 특성

:

대부분의 바우처 수급자는 공공주택 입주자와 마찬가지로 소득수준이 낮고 노인층이거나 장애인이 있는 가구가 많은 것으로 나타났다. 이는 1차적으로 미국 정부가 이들 시장 소외 계층을 바우처 수급 대상으로 삼고 있기 때문이다.

2009년 바우처 수급 가구의 특성을 분석한 자료를 보면,

이들 가구의 연간 평균 소득은 연방정부가 설정한 빈곤선인 1만 2,600달러(약 1,400만 원)보다 적었다. 수급자의 45% 이상이 1만 달러 이하였고, 16%만이 2만 달러 이상이었다.

또한 바우처 수급자의 56%가 장애인 가족이 있거나 노인층이었으며, 아이가 있는 가구도 전체의 절반을 넘었다. 수급자의 51%는 백인이고 44%는 흑인이었으며, 3%가 히스패닉 등이었다. '나 홀로' 가구는 35%, 2인 가구는 22%였다.

주택의 규모를 보면, 전체 수급자의 60% 이상이 방이 2개 이하인 주택에 거주하고 있었으며, 방이 3개인 주택에 거주하는 경우는 30%였다. 또 전체 수급자의 20%가 최근 2년 내에 현재 살고 있는 주택으로 이사했으며, 약 40%는 거주 기간이 2~5년에 달했다.

: **그림 23** : **바우처 수급 가구의 특성(2009년 기준)**

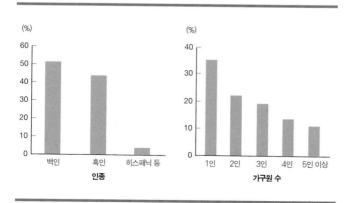

자료 : HUD, "Public & Indian Housing".

바우처가 빈곤층의 집중화를 완화시켰나

:

공공주택 등 다른 주거복지 지원 프로그램과 비교했을 때 바우처가 가장 차별적이고 우월한 점은, 앞서 언급한 바와 같이 수급자에게 주거지 결정의 자유와 선택권을 부여한다는 점이다.

공공주택 입주자의 선택권은 공공주택이 위치한 지역에 제한될 수밖에 없지만, 바우처는 이론적으로 저소득 가구나 장애인 가정이 지금 살고 있는 지역보다 좀 더 안전한 주거 환경으로, 교육시설이 보다 좋은 지역으로, 사회복지 서비스와 고용기회를 좀 더 제공하는 지역으로 이동할 수 있는 가능성을 열어놓은 것이다.

그렇다면 바우처는 실제로 저소득 가구나 장애인 가정의 특정 지역으로의 집중 현상을 완화시켜주었을까? 이를 통해 범죄, 약물남용, 청소년 비행 등 각종 사회병리 현상이 감소했을까?

1990년대 후반부터 바우처의 우월성을 지지하는 학자, 그리고 정책 분석가들 사이에서 이에 대한 실증적 연구가 많이 이루어졌다. 그러나 기대와는 달리, 바우처가 지역간 소득 불균등을 완화하고 여러 소득계층이 함께 어울려 사는 '사회통합'에 기여했다는 구체적이고 실증적인 자료는 제시되지 못하고 있다.

오히려 2000년대에 이루어진 조사결과에 따르면, 바우처가 빈곤층의 특정 지역으로의 집중 현상을 가속화시킨 것처럼 보인다. 그러나 조사 당시의 주택시장 상황을 보면 그 이유를 알 수 있다.

2000년대 들어 미국 주택시장이 뜨거워지면서 주택 매매 가격과 임대료가 동반 상승했다. 주택 임대료가 전반적으로 상승하면서, 많은 지역의 경우 연방정부가 정한 바우처 대상 주택의 임대료 상한을 초과했다. 따라서 바우처 수급자들은 상대적으로 임대료가 싼 지역, 즉 교육환경이나 사회복지시설 등이 낙후되어 상대적으로 중산층 이상이 이동하기를 꺼리는 지역으로 옮겨갈 수밖에 없었다.

또한 공실 비율이 낮아지면서, 집주인도 바우처 수급자를 임차인으로 받아들이기를 주저했다. 민간시장에서도 충분히 쉽게 임차인을 구할 수 있는 상황에서, 굳이 바우처 프로그램에 참여해 공공주택기관으로부터 주택의 물리적 상태를 점검받고 복잡한 문서에 사인하는 등 골치아픈 절차를 거칠 필요가 없었던 것이다.

이런 점을 감안해서 보면, 바우처 제도가 빈곤층의 집중화를 완화시켰다는 실증적인 자료도 많지 않지만, 바우처 제도가 빈곤층의 집중화를 오히려 심화시켰다는 주장도 타당성이 부족하다고 할 수 있다.

바우처가 주택시장 과열의 원인으로
작용할 수 있는가

:

바우처 제도가 도입된 초기에 모든 사람이 바우처를 옹호했던 것은 아니다. 일부 전문가들은 바우처가 초래할 수도 있는 부정적인 측면을 부각시켰다. 이들은 바우처가 저소득 가구의 주거 안정에는 실질적으로 기여하지 못하면서 지역 임대시장에서 자칫 임대료만 상승시킬 수 있다고 주장했다.

즉, 저소득 가구가 부담 가능한 저렴한 임차주택이 충분한 주택시장에서는 바우처가 효과적으로 적용될 수 있지만, 임차주택 공급에 여유가 없는 주택시장에서는 바우처가 도입됨으로써, 바우처가 없는 경우 주택 수요자가 될 수 없었던 가구도 수요자로 더해지면서 공급 대비 수요 초과 현상을 초래해 자칫 임대료를 상승시킬 수 있다는 것이다. 이 경우, 바우처 수급자에게 실제 도움이 되지 못하면서 바우처를 제공받지 못하는 차상위 무주택 임차인에게 피해를 주게된다. 더 나아가 집주인은 바우처를 받아주는 대가로 임차인에게 시장가격보다 높은 임대료를 요구하거나 주택 개보수를 게을리 할 수 있다는 것이다.

초기의 이런 비판적인 시각은 이론적으로는 충분히 일리가 있는 논리였다. 그러나 제도 도입 후 40년이 지난 지금, 이들의 주장을 뒷받침할 만한 실증적인 자료는 거의 없다.

다시 말해, 바우처로 인해 특정 지역의 주택 임대료가 상승했다거나, 주택 시설 개량이 방해되고 지연되었다고 할 수 있는 구체적인 사례를 제시하기가 쉽지 않은 것이다. 오히려 바우처 사용 대상 주택이 되기 위해서는 주택도시부가 요구하는 시설 기준을 충족해야 하며, 앞에서도 살펴보았지만 1940년 이후 미국 주택의 물리적 상태는 지속적으로 개선되어왔다.

다만, 현실 사회에서 바우처는 정치적 역학관계에서 약점을 가지고 있다. 바우처는 공급자 지향적 정책 수단이 아니라 수요자 지향적인 지원 수단이다. 즉, 불특정 다수를 대상으로 하며 이를 지원하는 이익단체 등이 없다.

반면, 정부의 재정 지원을 받아 건설되는 민간 임대주택 등은 주택 건설업체와 주택산업이 뒤에 버티고 있어, 정치권에서 예산안을 논의할 때 이들의 입김이 작용할 수 있다. 실제로 정치권에서는 바우처 예산을 줄이고 임대주택 건설·관리 지원 예산을 늘려야 한다는 주장이 심심찮게 나오고 있다.

바우처의 미래와 한국에서의 원용

:

미국 사회에서 주택 바우처는 시장 상황과 그 시대의 경제상을 반영해 조금씩 제도 운영의 틀이 바뀔 수는 있겠지만, 제도가 갖고 있는 장점은 계속 확대 재생산될 것으로 보인다. 다만, 운영상의 효율성을 도모해 정부의 재정부담을 줄이려는 노력은 계속될 것이다.

한국에서도 공공임대주택 건설과 함께 주거복지 프로그램 다양화의 일환으로 주택 바우처 제도 도입이 본격적으로 논의되고 있다. 그동안 국토교통부를 중심으로 3~4년에 걸친 연구용역과 시뮬레이션 작업이 이루어졌다. 이르면 2014년 중에 미국의 주택 바우처를 원용한 사업이 시범 실시될지도 모른다.

바우처 제도의 도입·시행은 그동안의 공급 위주 주거복지 정책에서 수요자 중심 주거복지 정책으로의 전환을 의미한다. 또한 중앙집중적 주거복지 정책에서 지방분권적 주거복지 정책으로의 점진적인 전환을 의미하기도 한다.

그러나 공급 위주든 수요자 중심이든, 이들 정책에는 절대선도 절대악도 없다. 중요한 것은 '중용의 미덕'이라고 하겠다. 공급 측면에서 적정 수준의 공공임대주택 확보는 필수적이며, 이를 보완하는 정책대안으로 수요자 중심의 바우처 제도 도입은 충분히 검토할 만한 가치가 있다고 본다.

다만, 재정당국에서 우려하는 바와 같이, 바우처 제도가 일단 도입되면 이에 수반되는 정부의 재정부담은 미국의 예에서 보듯이 시간이 지나면서 크게 증가할 수 있다. 따라서 전달체계의 효율성을 도모하면서 선별적으로 도입할 필요가 있다. 미국에서도 도입 필요성이 제기된 후 장기간의 논의와 검토를 거쳐 40여 년이 지난 1974년에야 도입된 점을 참고해야 할 것이다.

08

미국 주택정책을 읽는 키워드 6

임대료 규제

제도 도입의 역사적 배경

:

제2차 세계대전을 거치면서 미국 사회는 일자리를 찾아서 수많은 근로자들이 농촌 지역에서 도시 지역으로 몰려들면서 주요 도시를 중심으로 심각한 주택 부족 문제에 시달렸다. 주요 도시 지역의 주택 매매가격과 임대료는 급상승했다. 이에 대처하기 위해 미국 정부는, 공급 측면에서는 지방 공공주택기관으로 하여금 공공주택을 건설하도록 해 무주택 저소득 가구에게 저렴한 주거공간을 제공하고, 기존 주택의 경우 주택시장에서 상대적 약자인 임차인을 보호하기 위해 임대료의 연간 인상률을 일정 수준으로 제한했다.

이런 임대료 규제 정책은, 경제적 입장에서 보면 임차인이 집주인보다 상대적으로 해당 주택에 대한 정보를 획득하기 어려운 '정보의 비대칭성'과 임차인이 자주 이사를 하게 됨에 따라 발생하는 '거래비용'을 보충하는 측면이 있다.

사회적으로도, 집주인의 과도한 임대료 인상으로 뉴욕이나 보스턴 등 주요 도시에 꼭 필요한 핵심 인력이 높은 주거비부담을 감당하지 못하고 다른 지역으로 이주하는 문제를 보완하는 측면이 있었다.

임대료 규제는 현재 미국 일부 주를 포함해 전 세계적으로 40여 국가에서 직 · 간접적인 다양한 형태로 시행하고 있다. 미국의 경우, 상대적으로 자가보다 임차주택 비중이 높고 임대료의 절대가격이 높은 뉴욕, 보스턴, 샌프란시스코, 로스앤젤레스 등 대도시를 중심으로 시행되고 있다. 특히 뉴욕 시가 포함된 뉴욕 주는 1943년 이래 가장 오랫동안 임대료 규제 정책을 지속적으로 시행해왔다. 다만, 미국의 각 주와 시에서 시행하고 있는 임대료 규제 정책은 매우 복잡하고 다양해서 현지 변호사들도 제대로 이해하기 힘들 정도라고 한다.

여기서는 미국의 여러 주 가운데 임대료 규제 정책을 가장 포괄적으로 시행하고 있는 뉴욕 주, 특히 뉴욕 시에 초점을 맞춰 살펴보고자 한다.

뉴욕 주의 임대료 규제 정책
:

뉴욕 주의 임대료 규제 방식은, 직접적으로 임대료 상한을 설정하거나 인상률을 제한하는 '임대료 통제Rent Control' 방식 과 '임대료 안정화 프로그램Rent Stabilization programs'으로 크게 나누어 볼 수 있다.

각 시와 카운티는 임대료 규제 여부를 스스로 결정할 수 있는데, 2008년 기준으로 뉴욕 시, 올버니, 버펄로 등 51개 시와 카운티가 임대료 규제 정책을 운영하고 있다.

뉴욕 주에서 현재 시행되고 있는 임대료 규제 프로그램 은 1943년에 시작되었으며, 미국에서 가장 역사가 깊고 장기간 운영돼온 프로그램 가운데 하나다. 사실, 1943~1950 년에는 연방정부 차원에서 전국을 대상으로 주택 임대료를 규제하는 장치가 있었으나, 여러 차례의 규제완화 조치를 거치면서 연방정부 차원의 임대료 규제 장치는 없어지고, 1984년부터는 주 단위의 규제 정책만 시행되고 있다.

어떤 주택이 규제 대상인가

:

어떤 주택이 임대료 규제를 받을까? 뉴욕 주에서 임대료 통제 대상 주택은 일반적으로 1947년 이전에 지어진, 즉 건설된 지 오래된 주택(아파트)이다. 임차인의 경우, 1971년 7월 1일 이후 이런 주택에 계속 거주했을 때 임대료 규제 혜택을 받을 수 있다. 따라서 살던 임차인이 다른 주택으로 이주해 공가가 된 경우에는 임대료 규제 대상에서 제외된다.

임대료 통제는 집주인이 임차인으로부터 받을 수 있는 임대료의 상한과 집주인이 의무적으로 제공해야 하는 서비스를 규정한다. 뉴욕 시의 경우, 임대료 통제는 '최대 기본 임대료 시스템MBR, Maximum Base Rent System'을 근거로 하는데, MBR은 건물 유지와 개량 비용을 기초로 산출되며, 2년 동안 MBR에 도달할 때까지 최대 7.5% 인상할 수 있다.

한편, 임대료 안정화 프로그램은 일반적으로 1947년 2월부터 1973년 12월 말 사이에 지어진 주택으로 6채 이상의 공동건물, 즉 아파트에 적용된다. 1974년 이후에 지어진 주택이라도 집주인이 뉴욕 시로부터 세금 감면을 받기 위해 자발적으로 참여하는 경우도 상당수 있다. 2011년의 경우, 전체 안정화 대상 주택의 약 8%가 자발적 참여자였는데, 이들의 대부분은 1974년 이후에 지어진 주택이었다.

또한 상대적으로 소득수준이 낮은 무주택 서민들의 주거

안정을 위한 프로그램이므로, 월 임대료가 2,500달러(약 280만 원) 이하이고, 2년 연속 임차인의 세금 부과 전 연간 소득이 20만 달러(약 2억 2,000만 원) 이하인 주택에 적용된다. 2006년 이전까지만 해도 월 임대료 2,000달러 이하, 가구 연소득 17만 7,000 달러 이하였으나 임대료와 물가 상승 등을 감안해 상향 조정된 것이다. 참고로, 뉴욕 맨해튼의 아파트 평균 월 임대료는 2012년 기준으로 3,418달러(약 380만 원)다.

그런데 이런 임대료 안정화 프로그램은 주택 공실률이 5% 이하일 때만 작동하도록 되어 있다. 뉴욕 시는 전문가로 구성된 집세가이드라인위원회에서 매년 최대 임대료 인상률을 책정해 조례로 공표하고 있다. 또한 2012년 봄, 4월 1일로 만료 예정이던 임대료 안정 관련 조례를 주택 공실률 조사를 거쳐 2015년 4월까지 3년간 연장하고, 연간 인상률도 2.75%로 제한했다. 참고로, 공실률 조사 결과 뉴욕 시의 임차주택 공실률은 3.12%로 수급 상황이 매우 빠듯한 것으로 나타났다.

뉴욕 시의 임대료 규제 대상 주택 현황
:
그렇다면 직·간접적으로 이런 임대료 규제를 받는 주택은 전체 주택 가운데 과연 얼마나 될까?

2011년 기준으로 뉴욕 시의 전체 주택은 318만 8,000호이며, 이 가운데 자가를 제외한 임차주택은 217만 3,000호로 전체 주택의 약 68%를 차지하고 있다. 이중 직접적으로 임대료 통제를 받는 주택은 3만 8,374호로 전체 임차주택의 1.7%밖에 안 되지만, 임대료 안정화 프로그램 대상 주택은 98만 7,000호로 전체 임차주택의 절반 가까이(45%) 된다. 임대료 안정화 프로그램에 포함되는 주택이 예상외로 많음을 확인할 수 있다.

다만, 1980년대 이후 최근까지 규제 대상 주택의 비중이 추세치로 보면 조금씩 줄어들고 있다. 1981년에 62.7%였던

: 표 8 : 1981년 이후 뉴욕 시의 임차주택 분포 변화(단위 : 천 호)

구분	1981년	1991년	2002년	2011년
총 주택 수	2,731	2,790	3,082	3,188
전체 임차주택 수	1,976	1,932	2,085	2,173
임대료 통제 주택 수	286	124	59	38
임대료 안정화 주택 수	953	1,011	1,042	987
공공주택 수	166	174	178	186
비 규제 주택 수	572	622	805	962
규제 주택 비중	62.7%	58.8%	52.8%	47.2%

자료 : U.S. Census Bureau, "New York City Housing and Vacancy Survey".

규제 대상 주택이 1991년에는 58.8%, 2002년에는 52.8%, 2011년에는 47.2%로 감소했다.

임대료 규제 정책은 득보다 실이 많은가

:

대부분의 경제학자는 임대료 규제 정책을 신랄하게 비판한다. 그만큼 많은 부작용을 야기할 수 있다는 것이다. 무엇보다도 임차주택에 대한 초과수요를 초래한다고 주장한다. 즉, 정부의 규제로 시장가격보다 낮게 책정된 임대료 때문에, 규제가 없는 시장가격하에서는 다른 주택시장으로 이동할 임차 수요까지 가세한다는 것이다. 또 집주인 입장에서 보면 본인이 생각하는 적정 수준보다 낮은 임대료를 받음으로써 주택에 대한 개보수가 지연되고, 이는 곧 주택의 질적 수준 저하로 이어진다고 비판한다.

실제로 1990년대 미국 경제학자들을 대상으로 실시한 한 여론조사에 따르면, 전체 응답자의 93%가 임대료 규제를 반대하는 것으로 나타났다.

그러나 경제학자들의 이런 신랄한 비판에도 불구하고, 뉴욕 시로 대표되는 미국 주요 도시의 임대료 규제 정책은 대다수 시민과 정치인, 정책당국자들로부터 지지를 받고 있다.

엄밀히 말하면, 뉴욕 시로부터 직접적으로 임대료 통제를 받는 주택은 전체의 2% 미만이다. 대부분은 임차주택의 공실률이 5% 이하일 때, 즉 임대료 상승 압력이 높을 때, 다시 말해 일종의 비상상황에서 적용되는 안정화 프로그램의 대상이다. 미국 대법원도 시당국의 규제가 집주인의 재산권을 과도하게 침해하는 것이 아니냐는 헌법소원에 일관되게 임대료 규제 정책은 미국 헌법을 위반하는 것이 아니라고 판시하고 있다.

특히 2008년 경제위기 이후 주택 구입보다 임차 수요가 증가하고, 이에 따라 임대료가 지속적으로 오르고 있는 상황에서, 경제논리보다는 사회적 약자인 임차인에 대한 보호가 더 중요한 이슈로 부각되고 있다.

2012년에 들어와 집주인의 편법적인 임대료 인상이나 규제 대상에서 비 규제 대상으로의 전환에 대한 비판여론이 비등하자, 뉴욕 주 의회에서는 잇달아 임차인 보호를 위한 추가 법안을 통과시키고 있다. 예를 들어, 임대료 안정 관련 규정의 허점을 집주인이 악용하지 못하도록, 임대료 안정 관련 규정 적용 대상 아파트가 비었을 경우 집주인이 새로운 임차인에게 임대료를 올릴 수 있는 상한을 종래의 20%에서 10%로 제한하고, 집주인이 자신이나 가족 거주 명목으로 현재의 임차인을 몰아내는 행위를 엄격하게 제한하는 규정 등이 통과되었다.

2012년 6월에는 뉴욕 시 임대료안정위원회가 임대료 안정 관련 규정의 적용을 받고 있는 주택에 대해 1년 계약 시 2%, 2년 계약 시 4% 인상할 수 있도록 하는 안을 위원 9명 중 5명의 찬성으로 통과시켰는데, 이에 대해서도 임차인의 주거비부담 증가를 우려하는 목소리가 높았다.

사람마다 생각이 다를 수 있겠지만, 개인적으로는 임대료 규제를 부정적으로만 볼 필요는 없다고 생각한다. 주정부 차원에서 시행되고 있으며, 각 시와 카운티가 자율적으로 참여 여부를 결정할 수 있기 때문이다. 또한 미국의 각 주와 시의 임대료 규제 정책은 그동안 진화를 거듭해 비판론자들이 제기하는 공급 위축 문제와 주택에 대한 투자 감소 우려 등에 효과적으로 대응하고 있다.

한국의 경우도 중앙정부 차원에서 포괄적으로 임대료 규제 정책을 시행하는 것은 경제학자들이 우려하는 부정적 측면이 훨씬 커서 상당한 문제를 야기할 위험이 있다고 본다. 하지만 시 또는 도 단위의 지방정부 차원에서 해당 지역 주민의 주거비부담 완화를 위해서 세제 지원 등과 연계해 일정한 조건하에서 제한적으로 실시하는 것은 검토해볼 필요가 있다고 생각한다.

예를 들어, 일정 연도 이전에 지어진 일정 규모 이하의 공동주택일 것, 임대료(전세보증금 또는 월세)가 일정 금액 이하일 것, 임차인의 연간 소득이 일정 수준 이하일 것, 해당 지역 임차주택의 공실률이 일정 비율 이하일 것 등을 제도 도입의 전제조건으로 제시할 수 있을 것이다.

참고로, 미국에서 집주인이 자기 집을 임대하기 위해 임차인을 선정할 때, 장애인 가정이 아닐 것 등의 조건을 별도로 정할 수 있을까? 한국에서는 자기가 소유한 아파트를 임대할 때, 부동산중개소에 '취학 전 어린이나 장애인이 있는 가구는 곤란합니다' 등의 조건을 다는 경우가 꽤 있다. 그러나 미국에서는 가구의 특성이나 인종에 따라 차별적으로 임차인을 선정하는 것은 법과 제도로 엄격히 규제되고 있다. 어린이가 있다는 이유로, 장애인이나 노인이 있다는 이유로, 흑인이나 히스패닉이라는 이유로 임대를 거절할 경우 법으로 처벌받게 되어 있다.

2012년 8월 주택도시부는 수차례의 조사결과, 자폐 가족이 있는 임차인에게 과도한 요구를 한 웨스트버지니아 지역의 집주인에게 임차인에 대한 정신적 피해보상 1만 8,000달러 포함 총 3만 4,000달러(약 3,800만 원)의 벌금을 부과했다. 집주인이 계약서에 서명하는 조건으로 임차인에게 100만 달러까지 보상되는 주택보험 가입과 자폐 가족의 건강상태를 구체적으로 적시한 담당의사의 노트(의견)를 요구한 것이 문제가 되었다.

공정주택법The Fair Housing Act은 집주인이 국적, 인종, 종교, 정신적·육체적 장애, 성별에 따라 차별적인 계약조건을 부과하는 것은 불법이라고 명시하고 있다.

주택도시부에는 매년 1만여 명의 임차인으로부터 부당한 대우를 받고 있다는 신고가 접수되고 있는데, 이를 관계기관과 합동으로 조사해, 불법 사실이 확인될 경우 벌금을 부과하고 있다.

미국 주택정책을 읽는 키워드 7
자가 보유 촉진

역사적 배경

:

자가 보유Homeownership는 미국의 주택정책에서 오랜 기간 중심적인 위치를 차지해왔다. 2007년 버블 붕괴 이후 현재까지도 여전히 주택정책의 핵심 이슈 중 하나다.

앞에서 살펴보았듯이, 경제대공황 이후 뉴딜정책의 일환

으로 주택금융 시스템이 대대적으로 개편되면서, 미국인들
은 적은 초기부담으로 '내 집 마련'의 꿈을 이룰 수 있었다.
주택금융 시스템에 더해 주택 구입과 보유, 매각에 따라 발
생하는 각종 이익과 비용에 대해 폭넓은 세제 지원 조치를
병행함으로써 자가 보유는 더욱더 촉진되었다.

특히 1990년대부터 버블이 붕괴된 2007년까지 연방정부,
지방정부 할 것 없이 자가 보유 비율을 끌어올리기 위해 다
양한 노력을 기울였다. 대표적인 예가 주택 구입자의 초기
부담을 낮춰주는 것이었다.

1990년대까지만 해도 모기지대출의 최대치는 주택가격의
80~95%였다. 즉, 주택을 구입하려는 사람은 초기에 적어

: 그림 24 : 초기 계약금(자기자금) 5% 미만 모기지 비율

자료 : HUD, "Policy Development & Research".

도 5~20%의 자기자금을 가지고 있어야 했다. 그러나 2003년 연방주택청FHA과 주정부가 일명 '아메리칸 드림 프로그램'을 도입하면서, 그 정도의 자금도 융자로 대체할 수 있게 되었다. 이는 저소득 가구나 생애 최초로 주택을 구입하는 가구가 주택을 계약할 때 부담해야 하는 초기 자기부담금(5~20%)을 무이자로 5년간 융자해주는 프로그램이었다. 또 5년 후 이들 융자금의 상당부분은 정부의 보조금으로 전환되었다. 이러한 유사한 프로그램들은 주정부와 지역정부에서도 앞 다투어 도입했다. 예컨대, 캘리포니아 주택금융청 California Housing Finance Agency은 2002년 일정 요건에 부합되는 모기지에 대해서는 별도 자기자금이 필요 없는 100% 대출 프로그램(97% 한도의 1차 모기지에 3% 2차 모기지를 더한 것)을 도입했다.

민간 모기지 회사도 이러한 시대 흐름에 뒤지지 않았다. 주택가격의 100%까지 대출해주는 피기백piggy back('무등타기'란 뜻으로 80% 한도의 모기지에 20%는 다른 대출로 더해주는 것)은 물론, 피기백 대출에 수수료까지 대출해주는 LTV 103% 대출, 대출 한도를 초과하는 점보jumbo 대출, 무서류non-doc 대출 등 대출을 해줄 수 있는, 가능한 한 모든 아이디어가 시장에 쏟아져 나왔다. 2005년과 2006년 미국 주택가격 버블 절정기에는 전체 신규 주택구입의 약 25%가 피기백 대출을 받아 주택을 구입했다.

이렇게 미국 정부가 나서서 자가 보유를 촉진하는 각종 유인책을 제공한 이유는 무엇일까? 미국 사회에서 자가 보유는 정치적 성향이나 인종, 소득계층, 성별과 관계없이 공통적으로 여러 가지 이점이 있는 것으로 이해되고 있기 때문이다.

무엇보다도 자가 보유는 미국인들에게 부富를 쌓을 수 있는 기회로 인식된다. 더불어 이웃간에 상호 유대감이 강해지고, 선거 등 각종 정치 또는 사회 행사 참여율이 높아지며, 자기 만족감도 커진다. 또한 주택 개량과 리모델링이 적기에 이루어져 주택의 노후화를 늦추고, 범죄 발생 가능성도 낮아진다고 한다. 미국인들에게 자가 보유는 '아메리칸 드림'을 성취하는 핵심 요소로 여겨지고 있다.

자가 보유의 경제적 이점과 한계

:

한국인에게는 두말할 것도 없고 미국인들에게도 주택은 가장 중요한 자산이다. 자가 보유는 주식이나 다른 금융상품에 투자하는 것보다 훨씬 일반적인 자산 운용 방법이다. 예를 들어 2007년의 경우를 보면, 소득 하위 25%에 속하는 가구 중 주식을 보유한 가구는 18%에 불과했으나 자기 주택을 보유한 가구는 40%나 되었다.

지난 대부분의 기간 동안 주택가격은 물가상승률 이상으로 매년 올랐다. 특히 1990년 후반부터 2006년까지는 예상 수준을 훨씬 뛰어넘는 정도로 상승했다. '케이스-쉴러Case-Shiller 지수'를 기초로 산출한 자료를 보면, 미국 주요 20개 대도시의 경우 2000~2006년 주택가격이 무려 90% 가까이 올랐다.

특히 대부분의 주택 구입자가 집값의 80% 이상을 대출을 통해 충당하는 구조였기 때문에, 순수한 자기투자자본의 수익률은 주식 등에 대한 투자보자 훨씬 컸다. 1987~2009년 연평균 주택가격 상승률은 4.9%였으나, 이런 자금 조달 구조를 반영한 자기자본 수익률은 연평균 24.5%로, 주식가격 상승폭보다 2.5배 높았다.

그러나 레버리지leverage(차입)를 이용한 이런 자금 조달 구

: 표 9 : 주택가격 및 주식가격의 변화와 자기자본 수익률

구분	연도	주택가격 지수 (케이스-쉴러)	주식가격 지수 (스탠더드앤드푸어스 500)
연평균 가격 변동률 (%)	1987~2009년	4.9	9.0
	1987~2000년	4.7	30.6
	2000~2006년	14.8	-1.4
	2006~2009년	-10.6	-11.6
연평균 자본 수익률 (%)	1987~2009년	24.5	9.0
	1987~2000년	23.5	30.6
	2000~2006년	73.9	-1.4
	2006~2009년	-52.9	-11.6

자료 : Shiller(2009).

조는 주택가격이 하락하게 되면 더 큰 손실을 불러오게 된다. 실제로 2006년에 자기자본 20%로 주택을 구입한 사람의 경우 2009년까지 평균적으로 연간 53%의 손실을 입었다. 특히 주택가격이 절정에 달했던 2006년에는 자기자본 5%로 주택을 구입한 사람도 상당수 있었는데, 이들의 자기자본 손실률은 더 컸다.

언더워터 주택

:

번듯한 자기 집이 있지만 무리한 담보대출과 세금부담 때문에 실질적으로 지출할 수 있는 소득(가처분소득)이 줄어 빈곤하게 사는 사람들을 가리켜 한국에서는 '하우스푸어house poor'라고 한다. 미국 사회에도 이와 비슷한 개념의 용어가 있다. 2007년 버블 붕괴 이후 주택의 현재가치보다 모기지 잔액이 많은 집을 가리켜 '언더워터 주택underwater housing'이라고 한다. 한마디로 '깡통주택'인 셈이다.

하우스푸어와 마찬가지로 언더워터 주택 소유자들도 많은 어려움을 겪고 있다. 소유한 주택을 시장에 매각하더라도 이익이 남기는커녕 금융기관에서 받은 대출을 갚기도 어려운 상황이니, 모기지 원리금 납부 등을 게을리 하게 되고, 이는 대출금융기관들의 차압과 경매로 이어져 주택시장의 어려움을 가중시키고 있다.

이런 언더워터 주택은 2012년 기준으로 미국 전역에서 전체 주택의 25% 정도를 차지하는 것으로 조사되고 있다. 물론 네바다, 플로리다 등 주택의 투기적 수요가 많았고 버블기에 주택가격 상승폭이 상대적으로 컸던 지역의 경우, 언더워터 주택이 전체 주택의 40% 이상을 차지했다.

다만, 2012년 하반기 이후 주택가격이 점차 회복되면서 이들 언더워터 주택 소유자도 점차 감소하는 추세이고, 이들 가운데 90% 정도가 모기지 원리금을 정상적으로 상환하고 있다. 따라서 앞으로 주택가격 회복세가 계속될 경우 미국 경제에 큰 문제가 되지는 않을 것이라는 낙관적인 전망

: 그림 25 : 미국 주요 주의 언더워터 주택 비율(2012년 3/4분기 기준)

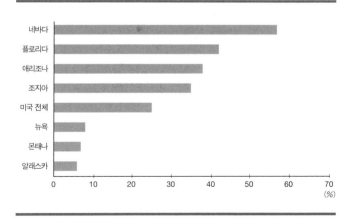

자료 : CoreLogic Reports(2013. 1.).

: 표 10 : 모기지 채무 불이행률과 언더워터 대출자 수

구분	2013년 6월	2013년 5월	2012년 6월
모기지 채무 불이행률(%) • 프라임 모기지 • 서브프라임 모기지	3.1 28.7	3.3 28.9	3.9 28.8
언더워터 대출자(천 명)	9,665	10,515	11,374

자료 : HUD, Housing Scorecard(2013. 7.).

도 나오고 있다.

특히 언더워터 주택의 지속적인 감소는 미국 경제에도 긍정적인 영향을 미칠 전망이다. 무엇보다도 주택 소유자의 원리금 상환 가능성이 과거보다 높아졌다. 또 주택을 정상적인 시장에서 팔 수 있게 됨에 따라 일자리 등을 찾아 다른 지역으로 이사할 수도 있게 되었다.

게다가 플러스 지분을 가진 주택 소유자는 보다 저리의 모기지로 갈아탈 수 있게 되어 그만큼 부담이 줄어든다. 2012년 하반기부터 30년 장기 고정금리부 모기지가 4% 이하를 유지하는 등 저금리 시대가 계속되고 있지만, 실제 전체 주택 소유자의 약 45%는 여전히 5% 이상의 상대적으로 높은 이자를 지불하고 있다.

아메리칸 드림은 변화하는가

:

2007년 주택시장의 버블 붕괴 이후 미국 사회 여기저기서 미국인들이 전통적으로 갖고 있는 '아메리칸 드림', 즉 대도시 교외지역에 정원과 나무로 만든 울타리, 진입도로를 갖춘 자기만의 단독주택을 소유하고자 하는 열망이 큰 변화와 새로운 도전에 직면했다는 지적이 이어졌다.

예를 들어, 캐나다 토론토 대학의 리처드 플로리다Richard Florida 교수는 《대변혁The Great Reset》이라는 책에서, 미국이 견지해온 자가 보유 촉진 정책의 한계와 최근 미국인들의 의식구조 변화, 즉 자가 보유보다는 임차를 선호하는 경향에 대해 여러 가지 실증적인 사례를 제시했다. 그의 주장을 잠시 살펴보자.

과거 미국 사회에서 자기 보유 주택은 은행의 예금통장과 같이 세월의 흐름과 함께 재산을 늘려주는 중요한 역할을 해왔다. 따라서 주택 구입은 투자와 같이 인식되었다. 그러나 버블 붕괴 이후 주택은 이제 애물단지가 되었고, 자기 주택에 살고 있는 사람들이 임차로 사는 사람들보다 오히려 더 많은 스트레스를 받고 있는 것으로 나타났다. 교외지역에 있는 필요 이상의 큰 집에 대한 수요는 에너지 과소비를 초래했고, 도로와 상하수도 등 인프라 건설비용의 증가로 이어졌다.

특히 자가 보유는 현대 경제의 핵심 요소인 이동 가능성
과 유연성에 장애요인이 되고 있다. 기존의 전통적인 일자
리는 점차 사라지고 새로운 일자리가 수시로 창출되고 있는
데, 자기 주택을 보유한 사람들은 집 때문에 이런 경제환경
변화에 민첩하게 대응하지 못하고 있다. 한 연구결과에 따
르면, 유럽의 대도시 지역에서 자가 보유율이 10% 증가하
면 실업률은 오히려 2% 증가한 것으로 나타났다.

미국 사회에서도 30대 중반 이하 젊은 층을 중심으로 자
가 보유보다는 임차를 선호하는 경향성이 나타나기 시작했
다. 버블 붕괴 이후 주택가격이 많게는 50% 이상 하락했지
만, 이들에게는 현재의 주택가격 또한 여전히 큰 부담이다.
또 금융기관의 엄격해진 대출자격 요건으로 인해 주택을 구
입하기가 예전보다 더 어려워졌다.

특히 주택시장의 위기는 임차주택시장에 새로운 기회를
창출하고 있다. 모기지 상환을 제때 하지 못해 차압 위기에
직면한 주택 소유자가 금융기관 등에 자기 주택의 소유권을
넘기는 대신, 모기지 원리금보다 적은 임대료를 지불하면서
임차 형태로 계속 거주하는 새로운 주거 유형이 등장했다.
물론 임차 기간이 종료되면 원래 주인이 시장가격으로 주택
을 다시 매입할 수 있는 우선권을 갖는다.

또 주택 구매 수요 부족과 건설사의 자금난으로 중단되었
던 대도시 주변 지역의 공동주택 건설사업이 새로운 하이테

크 기술과 첨단 자재를 사용해 에너지 절약형 주택으로 거듭나고 있다. 이런 주택들이 도시 샐러리맨들의 임차주택으로 활용되고 있다.

자가 보유 촉진 정책의 앞날

:

주택시장의 붕괴는 사실 시장 참여자들의 총체적인 도덕적 해이moral hazard에서 비롯되었다. 금융기관들은 주택가격의 110~120%까지 대출해주면서도 대출 신청자의 소득, 상환능력 등에 대해 제대로 심사하지 않았다. 주택 구입자 또한 주택가격은 계속 오를 것이라는 막연한 기대로 본인의 채무나 원리금 상환능력 등을 고려하지 않고 거주 목적 외에도 투자 목적으로 무리하게 주택을 구입했다.

2007년의 버블 붕괴로 주택시장 참여자들은 영원히 깨지 않을 것만 같았던 꿈에서 깨어났다. 꿈이 황홀했던 만큼 현실은 참담했다. 주택은 이제 더 이상 장밋빛 미래를 보장해주지 않았다. 오히려 현재를 짓누르는 무거운 짐이 되었다. 비관적인 전망이 쏟아져나왔다.

그러나 그럼에도 불구하고 미국 정부나 정치권, 대부분의 미국인들에게 자가 보유는 앞으로도 여전히 중요한 경제·사회적 가치로 작용할 것으로 보인다. 미국인들에게 자가 보유는 '중산층 진입'의 1차적인 징표로 인식되고 있기 때문이다. 대다수 전문가들은 자가 보유 비율도 큰 폭의 하락 없이 60% 중반에서 소폭 상승과 하락을 반복할 것으로 전망하고 있다. 사실 지난 50년간 미국 사회에서 자가 보유 비율은 60% 수준을 유지해왔다.

다만, 담보대출을 받아 주택을 구입하는 사람들이 자신들의 책무를 충분히 이해하고, 금융기관도 대출 신청자의 상환능력에 맞춰 대출을 해주어야 한다는 데 공감대가 형성되었다. 이에 따라, 대출금융기관은 주택 구입자에게 일정 비율 이상의 초기 자기자금을 요구하고 있으며, 이들의 소득과 자산 등에 대한 심사를 강화하고 있다. 그러나 이런 대출

: 그림 26 : 기존 주택매매시장에서 생애 첫 주택 구입자가 차지하는 비중

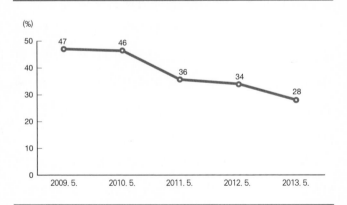

자료 : NAR.

요건 강화가 자칫 생애 첫 주택 구입자 등에게 장애요인이 되지 않도록 각종 보완장치도 동시에 마련되고 있다.

아울러, 미국 언론과 정치권에서는 정부당국이 자가 보유 촉진 정책과 임차주택 정책 간에 균형적인 시각을 유지하도록 요구하고 있다. 주택 구입자나 소유자에게 집중된 과도한 세제혜택은 재고되어야 한다는 것이다.

미국인들에게 자기 주택 보유라는 '아메리칸 드림'은 어쩌면 영원히 깨지지 않을 것이다. 따라서 2007년 주택시장 붕괴의 원인을 분석하고, 이를 통해 한층 강화된 형태로 자가 보유 촉진 정책이 펼쳐질 것으로 보인다.

10

연방정부의 기능과 조직

:

미국 사회에서 실제 주택정책은 연방정부 내 어느 기관에
서 담당할까? 또 지방정부와 비영리기관, 민간과의 연결고
리는 어떻게 될까? 한국과 달리, 미국은 연방정부 내 내각
의 일원으로서 주택과 도시 업무를 전담하는 기관이 별도

워싱턴 소재 주택도시부 본부 건물 전경과 심볼마크.

로 존재한다. 일반적으로 HUD라고 불리는 주택도시부U. S. Department of Housing and Urban Development다.

그러나 주택도시부가 연방정부의 일원으로 정식 출범한 것은 1965년이 되어서였다. 1937년에 주택법이 제정되고, 제2차 세계대전 후 슬럼 청산과 도시 재개발사업의 일환으로 공공주택 건설이 본격화되었지만, 1960년대 중반까지 연방주택청FHA과 지역 단위의 공공주택기관PHAs 등이 미국인들의 주택 구입 지원과 공공주택 건설 등의 업무를 수행했다. 어떻게 보면 연방주택청이 주택도시부HUD로 확대 개편된 것으로 이해할 수 있다.

그렇다면 미국 주택정책에서 주택도시부는 어떤 역할을 할까? 대부분의 전문가들은 연방정부가 더 이상 미국 주택정책에서 우월적인 지위에 있지 않다는 데 동의하고 있다. 1980년 이후 각종 주택정책과 프로그램의 실제 집행에서 주정부와 지방정부, 그리고 무수히 많은 비영리기관이 중추적인 기능을 해왔다. 연방정부는 오히려 이런 권한과 집행의 단계적 이행을 여러 가지 제도적 장치를 통해 장려하고 있다.

그렇다고 주택도시부가 더 이상 주택정책에서 중요한 기구가 아니라는 의미는 결코 아니다. 주택도시부는 각종 포괄적인 보조금과 정책 개발을 통해 지방정부와 비영리기관과 민간부문을 지원하는 동시에, 연방정부의 정책목표에 부합되도록 유도하고 있다.

주택도시부는 2013년 현재 워싱턴DC에 본부가 있으며 10개의 지역본부와 주요 도시별 지역사무소 등 90여 개의 지방조직을 가지고 있다. 본부 근무 인력 3,000여 명을 포함해 총 9,000여 명이 직원으로 근무하고 있다. 산하기구로는 주택도시부의 차관보급이 청장을 겸직하는 연방주택청과 주택금융 업무를 담당하는 지니매Ginnie Mae가 있다. 한국과 달리, 주택도시부의 산하기구들이 직접적으로 주택 건설 업무를 감당하는 것이 아니라 원리금 지급보증, 모기지시장 활성화 등 주택금융 업무를 주로 담당한다.

주택도시부가 그들의 소개책자나 홈페이지에서 제시하는 임무는 '강하고 지속 가능하며 통합적인 지역사회를 만들고, 모든 국민에게 양질의 주거환경을 제공'하는 것이다. 또한 '주택시장의 활력을 강화해 고용과 성장률 등 거시경제에 기여하고, 저소득 가구를 위한 양질의 임대주택 공급 등 다양한 지원 프로그램을 개발'하는 것이다.

한국과 달리 국토연구원 등 별도의 국책연구기관은 없으며, 주택도시부 내에 '정책개발연구실'이 있어 주택도시부 공무원과 교수 등 외부에서 파견된 관련 전문가들이 기존

주택도시부의 중장기(2010~2015년) 전략계획

HUD는 주택시장에서 촉발된 미국 경제의 위기 극복을 선도하기 위해 HUD 직원 1,500여 명과 관련 전문가들이 공동으로 참여해 6년간의 중장기 전략계획을 마련하고, 이를 실현하기 위해 5개의 핵심 목표를 설정했다.

① 국내 경제에 활력을 불어넣기 위해 주택시장의 정상화를 도모하고, 주택을 구입하거나 임차하는 소비자들에 대한 보호정책을 강화한다.

② 양질의 부담 가능한 임대주택 공급이 대도시 등 필요로 하는 곳에 확대되도록 정책역량을 강화하고, 노숙자 등 주거빈곤 인구를 근본적으로 감축한다.

③ 에너지 절약형 주택의 보급 확대, 직장 근접형 주거지 개발 유도 등을 통해 모든 미국인의 삶의 질이 주택을 매개체로 향상될 수 있도록 유도한다.

④ 인종·민족 간에 차별 없는 지속 가능하고 통합적인 지역공동체를 구현한다.

⑤ HUD가 공무원에게는 가장 일하고 싶은 공공기관으로, 파트너들에게는 최고의 서비스 기관으로 인식되도록 일하는 방식을 근본적으로 개혁한다.

정책에 대한 리뷰와 새로운 정책 개발 업무 등을 담당하고 있다.

지방정부의 역할과 기능

:

1980년대에 들어서면서 레이건 행정부는 연방정부의 주택 예산 지출 규모를 큰 폭으로 삭감하기 시작했다. 이에 따라, 그동안 대부분을 연방정부의 지원에 의존해온 주정부와 지역정부는 점점 늘어나는 지역사회의 주택 수요에 부응하기 위해 독자적으로 새로운 대안을 마련해야만 했다.

1980년까지만 해도 주정부가 자체적인 재원 확보를 통해 운영하는 주택 프로그램은 캘리포니아, 코네티컷, 매사추세츠 등 3개 주의 44개에 지나지 않았다. 그러나 1990년대 초에는 200개 이상으로 크게 늘어났다. 이에 따라, 1980년대 초에 10억 달러(약 1조 1,000억 원)에 불과했던 주정부의 주택 부문 예산이 2006년에는 52억 달러(약 5조 8,000억 원)로 늘어났다.

이들 지방정부가 무주택 저소득 가구와 중산층의 주거 안정을 지원하기 위해 필요한 재원을 확보하는 방법과 수단은 크게 네 가지로 나눠 볼 수 있다.

첫째, 연방정부가 지방정부에 지원하는 정액교부금block

grants이다. 연방정부는 정액교부금을 지원하면서 큰 정책방향만 제시하고, 지방정부가 지역의 주택문제 해결과 개발을 위해 탄력적으로 운용할 수 있도록 하고 있다. 예를 들어 지역개발 정액교부금의 경우를 보자. 전체 지출액의 70% 이상은 지역의 소득 중앙값 80% 수준에 못 미치는 서민과 중산층에 지원해야 한다. 나머지 30%는 도시 재개발, 지진·홍수·허리케인 피해 지원 등에 사용할 수 있다. 다만, 정액교부금은 신규 주택 건설을 위한 재원으로는 활용하지 못하도록 제한하고 있다.

둘째, 주정부의 주택금융기관에서 주로 발행되는 면세채권tax-exempt bond을 통해서 자금을 조달한다. 이들 주택금융기관이 발행하는 채권에 대해서는 연방정부의 소득세 등 각종 세금이 면제되기 때문에, 투자자들에게 낮은 금리를 제공해도 충분히 시장에서 소화된다. 이렇게 채권 발행을 통해 조달된 자금은 생애 첫 주택 구입자나 임차 가구를 위한 공동주택 건설 재원으로 활용된다. 연방정부는 매년 주정부가 발행할 수 있는 면세채권의 규모를 제한하고 있다. 2009년의 경우, 50개 주 전체에서 발행할 수 있는 최대 금액이 260억 달러(약 29조 원)였다.

셋째, 지방정부는 주택신탁기금housing trust funds을 설립하고, 이를 재원으로 저소득 가구를 위한 각종 주거 지원 프로그램을 운영하고 있다. 주택신탁기금은 주로 부동산 거래와 관련된 세금과 수수료, 즉 지방정부의 자체 수입이 주요 재원이기 때문에, 다른 유형의 수단으로 확보된 재원보다 지역 실정에 맞게 보다 탄력적으로 운용할 수 있다. 2006년 연구기관의 조사에 따르면, 미국 전역에는 600여 개의 주택신탁기금이 있으며, 매년 16억 달러(약 1조 8,000억 원) 이상이 다양한 형태의 주택 지원 프로그램에 사용되고 있다.

마지막으로, 지방정부는 별도의 추가 재원 없이 적정 주거 수준의 저렴한 공동주택 공급을 늘리기 위해서 '포괄지구제inclusionary zoning'를 적극 활용하고 있다. 포괄지구제하에서 개발업자는 전체 주택의 일정 비율을 무주택 서민을 위한 주택으로 건설해야 한다. 예를 들어, 개발업자가 지구 내 100가구의 주택을 건설하는 경우, 20가구는 의무적으로 서민용 주택으로 배정해야 한다.

이에 대한 대가로 개발업자는 인센티브를 받는데, 대표적인 것이 바로 용적률 보너스제다. 즉, 기존의 용도지구 제도나 토지이용 규제에서 허용되는 용적률 외에 추가 용적률을 인정하는 것이다. 이를 통해 개발업자는 더 많은 주택을 건설할 수 있다. 대부분의 경우 기존 용적률에 추가로 20%를 인정해주고 있다.

포괄지구제 프로그램에서는 또 개발업자로 하여금 확보된 서민용 임차주택을 당초의 목적에 맞게 일정 기간 이상 유지하도록 의무화하고 있다. 짧게는 10년에서 길게는 30년

동안 민간에게 매각하지 못하도록 한 것이다.

이러한 포괄지구제 프로그램을 대표적으로 활용한 곳은 워싱턴 DC 교외 지역에 위치한 메릴랜드 주의 몽고메리 카운티Montgomery County다. 몽고메리 카운티는 이를 1974년부터 도입하여 2004년까지 1만 1,000호를 저소득가구를 위한 주택으로 확보하고 지역 소득 중앙값의 65% 또는 그 이하 가구에 저렴한 임대료를 받고 빌려주고 있다.

미국에서 포괄지구제는 양질의 서민용 임차주택을 신규로 확보하는 주요 수단으로 활용되고 있다. 한 조사에 따르면, 2003년의 경우 이를 통해 8만~9만 호의 주택이 추가로 확보되었다.

비영리기관의 역할

:

주정부와 지역정부 주도의 주택 프로그램이 늘어나면서 비영리 주택 관련 기관들도 급속히 성장했다. 종래의 정부기관만으로는 기존 주택을 개보수하고 새로운 주택을 건설하고 다양한 주택 관련 서비스를 제공하는 데 한계가 있었기 때문이다.

비영리 주택 관련 기관들은 여러 가지 측면에서 지방정부의 수요에 부응했다. 무엇보다도 이윤추구를 목적으로 하지 않아 저소득 가구를 위한 임차주택 관련 업무와 공공부문의 도움이 절실한 빈곤층 대상의 각종 업무, 예를 들어 일자리 지원과 자녀 돌봄 및 교육 등에 적합했다.

1970년대까지만 해도 주택 관련 비영리기관은 주로 종교 단체나 노동조합 등이었으나, 1970년대 이후에는 지역개발 공사Community Development Corporations가 주류를 형성했다.

지역개발공사는 주택 개발 관련 서비스 제공, 예컨대 주택 구입자와 임차인에 대한 자문, 노숙자 서비스, 주택 보수 등을 주요 임무로 하면서 상업부동산의 개발, 고용 교육 등 보다 포괄적인 경제 개발 관련 업무도 수행한다. 2005년 인구 조사에 따르면, 미국 전역에 4,600개의 지역개발공사가 있으며, 이들은 1960년대 이후 총 125만 호의 주택을 새로 짓거나 개보수한 것으로 나타났다. 물론, 이들이 공급한 주택은 연방정부의 재정 보조에 절대적으로 의존하고 있다.

1980년 이후 미국 주택정책에서 새로운 바람은 이들 비영리기관과 지방정부 간의 협업을 통해 이루어졌다고 해도 과언이 아닐 것이다. 또 대부분의 저소득 임차 가구를 위한 새로운 주택 건설은 주정부와 지역정부의 프로그램에 의해 진행되었다.

사실 연방정부의 직접적인 재정지출의 상당부분은 임차 가구를 위한 주택 바우처 예산과 1980년대 중반 이전에 지어진 공공주택의 보존과 개보수에 사용되고 있다. 하지만

지방정부에 의해 새로 건설되거나 개보수된 대부분의 주택
또한 정액교부금을 포함해 연방정부의 재정 보조에 많은 부
분을 의존하고 있다.

연방정부는 주택정책에 대한 지방정부의 자율성과 책임은
점차 늘려가면서, 자금 지원이라는 큰 무기를 앞세워 국가
적으로 목표하는 방향으로 유도하고 있는 것이다.

한국에서 중앙정부와 지방정부의 역할관계

:

한국의 주택정책은 다분히 중앙집권적으로 이루어지고 있
다. 국토교통부를 중심으로 기획재정부, 금융위원회, 안전
행정부 등 관계 부처가 상호 유기적 협력체계를 구축하면서
주택시장의 문제에 대한 해법을 내놓고 있다.

지방정부의 역할은 상당히 제한적이다. 서울시와 경기도
등 몇몇 광역단체를 제외하고는 주택 업무를 전담하는 부서
가 없는 경우도 많다. 전셋값이 올라 서민들의 고통이 극심
해도 중앙정부만 동분서주한다.

미국의 예에서 본 것처럼, 주택문제는 지역문제와 긴밀히
연관되어 있다. 지역 주민의 주거 안정이야말로 지방정부의
가장 기본적이고 중요한 이슈라고 할 수 있다.

그동안 중앙정부가 행사해온 권한의 지방정부로의 이양

은 이제 불가피한 대세다. 공공주택을 건설할 입지 선정부터 자금 지원까지, 중앙정부에 집중된 권한과 책임을 지방정부와 공유하는 시스템으로 단계적으로 전환할 필요가 있다. 몇 년 전부터 시행되고 있는 국토교통부와 수도권 지방자치단체 간 협의체인 '수도권 주택정책협의회'는 이런 시대의 흐름을 반영한 한 사례가 될 것이다.

11

과연 미국 주택시장은 회복되고 있는가?

버블 붕괴 이후 주택시장 안정을 위한 정부의 노력
:

2007년 버블 붕괴 이후 미국 정부는 주택시장에 다시 활력을 불어넣기 위해 다양한 지원책을 강구해왔다. 앞에서도 살펴보았듯이, 대다수 미국인과 전문가들은 미국 국내 경기의 빠른 회복을 위해서는 주택시장이 다시 살아나야 한다는 공통된 인식을 가지고 있다. 미국 국내 경제에서 주택시장, 즉 새로운 주택 건설, 기존 주택 리모델링, 목재 등 주택 관련 자재산업 등이 차지하는 비중이 상당하기 때문이다. 어떻게 보면 2008년 이후 실업률이 급격하게 증가한 원인 중 상당부분은 주택시장의 침체에 있었다고 할 수 있다.

주택시장을 안정화시키기 위한 미국 정부의 노력은 오바마 정부 출범 초기부터 본격적으로 추진되었다. 그 중심에 주택도시부HUD가 있다. 주택도시부는 위와 같은 목적을 효과적으로 달성하기 위해 재무부, 연방준비제도FED, 연방주택청FHA 등 연방 차원의 기관뿐만 아니라 주정부, 더 나아가 지역의 주택 관련 비영리기관들과도 긴밀하게 상호 협력을 도모하고 있다.

미국 정부의 주택시장 안정화 노력 가운데 가장 두드러진 것은 바로 주택 소유자에 대한 각종 지원책이다.

미국은 전체 가구의 3분의 2가 자기 주택을 소유하고 있다. 그런데 이들의 대다수는 주택을 구입할 때 집값의 70~80% 이상을 모기지대출을 통해 조달했다. 따라서 버블 붕괴 이후 주택시장이 침체되고 미국 국내 경기가 악화되면서 매달 금융기관에 상환해야 하는 모기지 원금과 이자가 상당히 큰 부담이 됐다. 특히 일자리를 잃어버린 가구의 경우 정상적인 원리금 상환이 어려워졌다. 이는 곧 모기지대출의 연체율을 높이고 금융기관의 건전성을 위협하는 결과를 초래했다.

연방정부는 이렇게 주택 소유자가 대출 원리금을 상환하기 어렵게 되어 대출한 금융기관에 주택이 차압되고, 또는 생활자금을 마련하기 위해 일시에 대거 자기 소유 주택을 시장에 내놓아, 공급 초과로 주택가격은 더 하락하고 시장 침체는 더욱더 깊어지는 문제를 해결하기 위해 각종 금융부담 완화책을 내놓았다.

그럼, 2009년 2월 오바마 대통령이 발표한 '주택 소유자의 부담 완화와 안정화 계획'의 대표적인 내용과 2013년 일사분기를 기준으로 그 실적을 살펴보자.

첫째, 정부 지원 거대 모기지 및 주택저당증권MBS 발행 기관인 패니매Fannie Mae와 프레디맥Freddie Mac을 지원하여, 대출기관으로 하여금 모기지대출이 원활하게 이루어질 수 있도록 했다. 연방준비제도와 재무부는 양적 완화 조치의 일환으로 이들 두 기관이 발행한 14억 달러(약 1조 6,000억 원) 이상의 주택저당증권을 매입해 모기지 금리가 역사상으로도 상당히 낮은 수준으로 유지되도록 했다.

둘째, 주택 소유자의 모기지 원리금 부담을 완화해 이들의 주택이 금융기관에 차압되는 것을 방지했다. 재융자 지원 프로그램을 통해 15년 중기 대출은 30년 장기로, 고금리 대출은 저리로 전환할 수 있도록 했다. 2012년 2월에는 또 연방정부, 주정부, 뱅크오브아메리카 등 5대 대형은행이 16개월간의 협의를 거쳐 총 250억 달러(약 28조 원) 규모의 '모기지 부담 경감안'을 발표했다. 핵심 내용은 주택담보대출 계약과 주택 압류 업무 처리 과정에서 과실이 드러난 이들 5대 대형은행에서 정부의 조정을 받아들여 대출금을 경감하고 이자율을 인하하기로 한 것이다.

셋째, 모기지 상환능력이 있는 젊은 신혼부부 등의 주택 구입을 유도하기 위해 생애 최초 주택 구입자에 대한 세액 공제 제도tax credit를 도입했다. 2008년 4월 이후 주택을 최초로 구입하는 일정 소득 이하의 가구에 대해서는 주택 구입 가격의 10%에 상당하는 금액을 최대 7,500~8,000달러까지 세액 공제해주기로 한 것이다. 이를 통해 생애 최초 주택 구입자는 대부분의 모기지 이자 납부액에 대해 세액 공제 혜택을 받을 수 있게 되었고, 약 250만 명의 미국인이 이 기간에 새로이 주택을 구입한 것으로 조사되었다.

넷째, 10억 달러(약 1조 1,000억 원) 규모의 '긴급 주택 소유자 대출 프로그램'을 시행했다. 이는 주로 실직 때문에 일시적으로 모기지 원리금 상환이 어렵게 된 가구들을 대상으로, 이들이 다시 일자리를 구할 때까지 한시적으로 원리금 상환 자금을 지원해주는 제도다.

마지막으로, 주택가격이 급락하는 등 주택시장이 상대적으로 최악의 상태인 플로리다, 캘리포니아, 애리조나 등 20개 주의 주택 소유자를 대상으로 총 76억 달러(약 8조 4,000억 원) 규모의 '차압 방지 프로그램'을 진행해 추가적으로 이들의 모기지 원리금 부담을 완화해주고 있다.

'주택 스코어카드'와 '주택시장 컨디션' 발표

:

미국 정부는 2009년 2월부터 주택도시부를 중심으로 주택시장의 안정을 위해 노력하는 동시에, 전반적인 주택시장 상황을 '주택 스코어카드Housing Scorecard'라는 보도자료 형식으로 매달 초 일반에 공개하고 있다. 일반 국민들에게 주기적으로 객관적인 데이터를 제공해 시장의 신뢰를 회복하기 위한 노력이라고 할 수 있다.

'주택 스코어카드'에는 주택가격 지수, 장래 주택가격 전망지수, 신규 및 기존 주택 판매와 거래량, 시장에 나온 주택 매물 수, 모기지 금리 및 주택 구입능력 지수 등 주택시장 관련 주요 지표들이 담겨 있어 그 변화를 확인할 수 있다.

그럼, 2013년 7월에 발표된 '6월중 주택 스코어카드'의 주요 내용을 살펴보자. 주택의 가격과 판매 등 핵심적인 주택시장 지표들이 중요한 진전을 보이고 있어, 시장 상황이 전반적으로 개선되고 있음을 알 수 있다.

구체적으로 보면, 20개 주요 도시의 연간 주택가격 상승률이 최근 7년 이래 최고 수준을 기록했고, 전국적으로는 집값이 본격적으로 상승하기 직전인 2004년 수준 이상으로 회복되었다. 신규 주택 판매량과 기존 주택 거래량은 1년 전과 비교해서 10% 이상 증가했다. 또한 주택담보대출 잔액보다 현재 주택가치가 낮은 언더워터 대출자 수도 지속적으로 감소해, 2012년 1월 이후 240만 주택 소유자가 언더워터 상태에서 탈출한 것으로 나타났다.

그러나 정책당국자는 지역별로 시장 상황에 많은 차이가 있다면서, 정부의 주택시장 안정을 위한 노력과 주택 소유

:표 11 : 버블 붕괴 이후 주택 관련 주요 지표들의 변화

구분	2013년 6월	2013년 5월	2012년 6월	2008년 12월
주택가격 지수 (Case- Shiller)	152.4	148.6	136.0	150.5
주택 거래 (기존, 천 호)	431.7	414.2	382.5	334.2
주택 판매 (신규, 천 호)	39.7	38.8	30.0	31.4
모기지 채무 불이행률(%) • 프라임 모기지 • 서브프라임 모기지	3.1. 28.7	3.3 28.9	3.9 28.8	4.4 34.3
주택 구입능력 지수	172.7	184.4	188.4	162.9
언더워터 대출자(천 명)	9,665	10,515	11,374	–
모기지 금리 (30년 고정, %)	4.29	4.46	3.62	5.10

자료 : HUD, Housing Scorecard(2013. 7.)

자 보호 정책은 계속될 것임을 분명히 했다.

주택도시부는 '주택 스코어카드'와 더불어 '미국 주택시장 컨디션'을 책자 형태로 발표하고 있다. 분기별로 발표되는 '주택시장 컨디션'에는 주택의 공급, 주택시장 상황, 주택금융, 주택투자, 주택의 재고 등 연방정부 차원의 데이터와 함께 지역 단위 데이터와 각종 시계열 자료가 포함되어 있다. 자료를 공개할 때 기자단과 외부 인사를 초청해 주택 관련 주요 현안에 대한 공개토론도 진행한다. 또 주택도시부의 지역사무소는 관할 지역의 주택시장 상황에 대해 별도로 자료를 공개하고 있다.

평가와 우리에게 주는 시사점
:
금융과 세제에 초점이 맞춰진 미국 정부의 주택시장 안정을 위한 각종 지원책은 주택시장이 활력을 되찾는 데 상당히 기여한 것으로 평가된다. 특히 2009년 오바마 정부 출범 초기부터 시작된 종합적이고 일관된 정책적 지원은 주택시장에서 정부의 정책에 대한 신뢰를 높이는 데 큰 도움이 되었다. 그동안 버블 붕괴의 진원지였던 주택금융 시스템에 대한 대대적인 개혁이 있었고, 그 작업은 지금도 계속되고 있다. 대출기관, 모기지 지급보증 기관, 주택저당증권 발행 기관, 대출자 등 시장 참여자들의 도덕적 해이를 방지하고 상호 신뢰와 책임을 강화하는 방향으로 진행되고 있다.

물론, 주택도시부 관계자가 언급했듯이, 지역별로 시장 상황에 많은 차이가 있다. 캘리포니아의 경우를 예로 들어보면, 2012년 전국적으로는 실업률이 8.1%였으나 캘리포니아는 10.5%로 전국 평균을 크게 상회했고, 그에 따라 주택가격 하락 폭도 상대적으로 컸다.

그러나 2013년에 들어와 미국 주택시장이 당초 예상보다 빠르게 본격적인 회복기에 접어들었다는 데는 전문가들의

∶그림 27∶ 미국 전체와 캘리포니아의 실업률과 평균 주택가격 변화

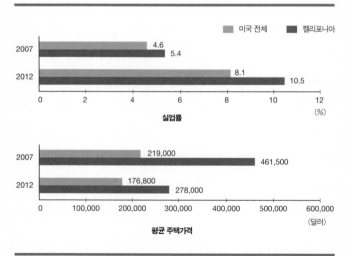

자료 : NAR.

의견이 대체적으로 일치한다.

그렇다면 미국 정부의 주택시장 정상화 노력이 우리에게 시사하는 바는 무엇일까?

무엇보다도 버블 붕괴 이후 땅에 떨어진 공공부문, 특히 연방정부에 대한 주택시장에서의 신뢰 회복을 최우선으로 추진하고 있다는 점이다. 객관적인 지표를 주기적으로 상세하게 공개하되, 당국자의 주관적인 견해는 최소화하면서 시장 상황에 매우 조심스럽게 접근한다. 언론에서 주택시장이 회복을 넘어 과열 양상을 보인다고 떠들어도, 정책당국자는 여전히 수많은 주택 소유자가 차압의 위협에 힘들게 버티고 있고, 주택시장 상황은 지역별로 차이가 크다는 식으로 지극히 보수적인 입장을 견지한다.

또 주택도시부, 재무부, 연방준비제도, 연방주택청 등 관계당국이 상호 협력해 정책의 시너지효과를 극대화하고 있다. 관계당국들이 시장에 서로 다른 목소리를 내지 않는다. 주택금융 시스템에서 주택시장의 위기가 비롯되었지만, 주택 소유자와 임차인에 대한 주택금융 지원 프로그램을 오히려 강화해 시장 안정을 도모하고 있다. 무작정 대출 규제를 강화하기보다는, 시장 참여자의 책임성은 강화하되, 주택 소유자나 임차인의 경제적 부담은 줄여줌으로써 주택시장의 정상화를 유도하고 있는 것이다.

아울러, 주택은 가정 행복의 출발점이며 모든 국민은 건강하고 안전한 주택에 살아야 한다는 기본원칙에 충실하여, 경제위기 상황에서 상대적으로 더 어려운 처지에 있는 소수 민족, 장애인, 노인 가구 등을 위한 특별 지원 프로그램을 강화하고 있다.

별도로 한 가지 더 언급하고 싶은 것은 주택 관련 통계의 체계적인 생산이다. 주택도시부는 통계국Census Bureau에 예산을 지원해 '미국 주택조사American Housing Survey', '미국 지역사회조사American Community Survey', '주거용 건축물의 생산(인허가, 착공, 준공)', '신축 주택의 판매' 등 주요 통계를 생산해낸다. 또 주택가격의 변동률과 관련해서는 스탠더드앤드푸어스S&P의 케이스-쉴러Case-Shiller 지수, 연방주택금융청FHFA의 가격 지수, 민간 부동산조사 기관인 코어로직CoreLogic의 가격 지수를 동시에 인용하고 정책자료로 활용하고 있다.

특히 전국적인 네트워크(회원 수 100만 명)를 가진 미국 부동산중개인협회NAR를 통계 수집 창구로 활용하는 점이 우리와는 사뭇 다르다고 할 수 있다. NAR이 발표하는 기존 주택 거래 관련 통계자료 등을 인용함으로써 협회의 공신력을 높여주는 것이다.

NAR이 월 단위로 발표하는 기존 주택 거래 자료는 우리보다 훨씬 많은 정보를 담고 있다. 2013년 6월에 발표된 '5월 주택 거래 자료'를 보자.

NAR, 2013년 5월 주택 거래 자료

① 총 거래량은 518만 건(연간 환산치)으로 전월 대비 4.2%, 전년 같은 달 대비 12.9% 증가. (2009년 11월 이후 최고 수준)

② 시장 대기 매물은 현재 가격으로 5.1개월 내에 소진될 수준으로, 지난달의 5.2개월보다 소폭 줄어들었으며, 전년 같은 달의 6.5개월에 비해서는 크게 낮은 수준.

③ 주택가격 중앙값median은 20만 8,000달러로 1년 전보다 15.4% 상승했으며 6개월 연속 두 자릿수 상승률 기록.

④ 차압이나 쇼트세일 등 비정상적인 거래는 전체의 18%로 2008년 10월 이후 최저치 기록. (1년 전에는 25% 수준)

⑤ 30년 모기지 평균 금리는 3.54%로 1년 전의 3.80%보다 낮은 수준.

⑥ 시장에 매물로 나와서 판매되기까지 평균 41일이 소요되어 지난달의 46일보다 빨라졌으며, 1년 전의 79일보다는 43% 빨라짐.

⑦ 생애 최초 주택 구입자 비중은 전체 거래의 28%. (1년 전에는 34%)

⑧ 전체 거래의 33%는 별도 대출 없이 100% 현금으로 거래.

⑨ 지역별로는 중서부 8%, 남부 4%, 북동부 1.6%, 서부 2.5% 각각 증가.

향후 미국 주택시장 전망

:

그렇다면 향후 미국 주택시장은 어떻게 될까? 여기에는 물론 정답이 있을 수 없다. 그러나 대부분의 전문가와 언론은 미국 주택시장이 적어도 2015년까지는 현재와 같은 견고한 회복세를 이어갈 것이라는 데 동의하고 있다. 이들이 제시하는 논거를 보자.

2012년 기존 주택 거래량은 470만 건으로 2007년 이후 최고치를 기록했으며, 2013년 들어 이런 추세가 더 강화되고 있다. 주택 판매 가격도 계속 상승해 많은 주택 소유자가 언더워터 상태에서 탈출하고 있으며, 시장에 나온 주택 판매 재고량은 2005년 이후 최저치를 기록했다. 이에 따라 주택매매시장에서 주택 구매자들이 하나의 매물을 놓고 경쟁하는 사례가 발생하고 있다. 아울러, 전체 판매 주택 가운데 경매나 쇼트세일short sale(팔려고 하는 주택의 현재 시세가 갚아야 할 융자액보다 낮을 경우, 금융기관과 협의를 거쳐 나머지 부족액을 탕감받는 것) 등 비정상적인 판매 비중도 크게 줄어들었다. 모기지 금리도 역사적으로 봤을 때 여전히 낮은 수준을 유지하고 있다.

물론 모기지 금리는 변동될 수 있고, 그런 변동이 주택시장 회복에 영향을 미칠 수 있다. 실제로 2013년 6월 이후 모기지 금리는 꾸준히 상승세를 보이고 있다. 특히 연방준비제도이사회FRB가 그동안 유지해온 '양적 완화QE3' 프로그램 축소를 언급한 이후, 모기지 금리 상승 폭은 더 커졌다. 그러나 현재의 모기지 금리는 제2차 세계대전 이후 최근까지

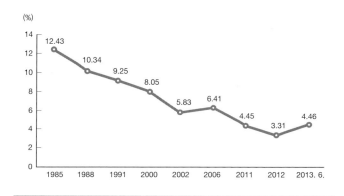

(%)

12.43	

자료 : Freddie Mac.

미국의 장기 모기지 평균 금리인 6.5%보다 여전히 2%포인트 낮은 수준이다.

　게다가 모기지 금리가 상승한다고 하더라도 주택시장에 미치는 부정적 영향은 크지 않을 전망이다. 모기지 금리의 인상은 단기적으로는 금리 인상 전에 주택을 구입하려는 수요를 촉발시켜 주택 수요가 더 늘어날 수 있다. 또 중장기적으로는 2013년 들어 샌프란시스코, 라스베이거스, 피닉스 등 미국 남부 일부 지역에서 나타나고 있는 주택시장 과열 내지 제2의 버블 우려를 완화시켜, 주택시장의 급격한 변화를 제어하는 정책 수단으로 작용할 수 있다. 실제로 이들 지역에서는 최근 1년간 주택가격이 20% 이상 급상승했다.

우리의 주택문제와
주택정책을 생각하며

글로벌 경제위기 이후 한국의 주택시장은 침체 상황에서 아직도 벗어나지 못하고 있다. 무리하게 담보대출을 받아 주택을 구입한 사람들은 주택가격 하락에 따른 경제적·정신적 고통에 힘겨워하고 있다. 그리고 주택 구입보다는 임차로 수요가 쏠리면서, 주택가격은 계속 하락하는 가운데 임대(전월세) 가격은 가파르게 상승해 서민들의 고통을 가중시키고 있다.

한편, 최근 우리는 주택의 공급 과잉 논란에 빠져 있다. 불과 얼마 전까지만 해도 만성적인 주택의 절대부족으로 인해 주기적으로 집값 불안을 겪었던 우리가 이제 주택의 과잉 공급을 걱정하는 상황이 된 것이다. 특히 정부의 과다한 택

지와 주택 공급 계획이 논란거리가 되고 있다. 주택에 대한 국민들의 의식구조와 선호가 바뀌고 인구구조도 급속히 변화하고 있는데, 정부의 주택정책과 제도는 뒷북만 치고 있다는 비판을 받기도 한다.

옳고 그름을 떠나서, 필자는 우리 사회에 여전히 팽배해 있는 자가 소유자에 대한 편견, 특히 다주택자에 대한 부정적인 시각은 개선되어야 한다고 본다. 미국의 예에서 살펴보았듯이, 자가 보유는 사회적으로나 경제적으로 많은 긍정적인 측면을 가지고 있다. 물론 무주택 서민에 대한 배려도 중요하지만, 장기 고정금리형 모기지 활성화 등을 통해 주택 구입에 따른 초기부담을 낮춰 자가 보유를 촉진하는 방향으로 주택정책이 추진되어야 한다고 생각한다.

그리고 새로 주택시장에 진출하는 20~30대들은 과거 베이비붐 세대들과 달리 주택 구입보다는 임차를 선호하고, 우리 국민의 주택 규모에 대한 선호도 대형보다는 소형으로 바뀌고 있다는 식의 단정적인 전제들 또한 세밀히 따져볼 필요가 있다.

우리의 주택시장은 정말 공급 과잉 상황으로 접어들었을까? 필자는 여기에 동의하지 않는다. 사람들의 선호는 변화하고 다양화되는데 주택 공급이 이를 따라가지 못해 발생하는 문제지, 주택의 절대량이 수요에 비해 많아서 발생하는 문제는 아니라고 본다. 물론, 주택시장의 상황에 따라 일시적으로 공급 계획이 조정될 수는 있다. 그러나 주거의 질을 높이고 주택시장의 변동폭을 완화하기 위해서는 여전히 중산층이 부담 가능한 수준으로 양질의 주택을 계속 공급해야 한다.

정부의 주택정책과 제도도 경제와 사회의 성장 단계와 시대 흐름에 맞게 필요한 부분은 조정하고 개선해야 한다. 중앙정부에 집중된 권한과 책임, 여전히 1차 모기지시장에 머물고 있는 주택금융 시스템, 다주택자에 대한 과도한 세금 부과 체계, 주택 통계 데이터베이스의 부족 등을 개선하는 데 많은 노력을 기울여야 할 것이다.

미국의 예에서 보듯이, 현실적으로 모든 국민을 100% 만족시킬 수 있는 주택정책과 제도는 없다. 그러나 국민들의 주거 만족도를 높이고, 주택문제가 경제 전체에 부담을 주는 것이 아니라 경제 성장의 주요 동력 역할을 하도록 유도하기 위해서는 끊임없는 변화와 개혁이 필요하다.

참고문헌

Allen & Barth (2012). *Fixing the Housing Market*.

Budget of the United States Government (2012). *Fiscal year 2011*.

Center for Community Change (2009). *Housing trust fund project*.

Collins (2002). *Pursuing the American dream*.

CoreLogic (2013. 1.). *CoreLogic Reports*.

Federal Interagency Forum (2008). *Older Americans*.

General Accounting Office (2010). *Tax Credits 2008*.

Ginnie Mae (2012). *Annual Report*.

John F. Bauman (2000). *From Tenements to the Taylor homes*.

McDonald & McMillen (2010). *Urban Economics and Real Estate*.

National Association of Realtors. *Sales price of existing homes*. 월별.

Richard Florida (2010). *The Great Reset*.

Schwartz (2008). *After Year 15*.

S&P. Case-Shiller *Home Price Index*. 월별, 연도별.

Turner (2008). *Public housing and the Legacy of segregation*.

U.S. Census Bureau. *New residential construction*. 월별.

U.S. Census Bureau. *American Community Survey*. 각 연도.

U.S. HUD. *American Housing Survey*. 각 연도.

U.S. HUD (2012). *The Annual Homeless Assessment Report to Congress*.

U.S. HUD. Homepage, http://portal.hud.gov/hudportal/HUD

U.S. HUD. Huduser, http://www.huduser.org

U.S. HUD. *Housing Scorecard*. 각 월호.

U.S. HUD. *U.S. Housing Market Conditions*. 각 분기.

Zandi (2008). *Financial Shock*.

Zillow.com. Underwater on a Mortgage. 각 연도.